KB138792

배민으로
연5억벌기

배민으로
연 5억 벌기

초판 1쇄 발행 2021년 8월 25일

글쓴이	오봉원
감수	최용규
펴낸이	이경민
펴낸곳	㈜동아엠앤비
출판등록	2014년 3월 28일(제25100 – 2014 – 000025호.)
주소	(03737) 서울특별시 서대문구 충정로 35 – 17 인촌빌딩 1층
홈페이지	www.dongamnb.com
전화	(편집) 02 – 392 – 6901 (마케팅) 02 – 392 – 6900
팩스	02 – 392 – 6902
전자우편	damnb0401@naver.com
SNS	🄵 ⦿ blog

ISBN 979-11-6363-523-9 (13320)

오봉원 지음 | 최용규 감수

'이태원 클라쓰' 현실판 사장님의
배달 앱 200% 활용법

배민으로
연 5억 벌기

자영업 사장님이 성공하기 위해
꼭 알아야 할 배달 앱의 모든 것

동아엠앤비

차례

많은 배달 전문점 창업자가 무턱대고 장사를 시작합니다. 저 또한 배달의민족에 대한 정보, 세무에 관한 상식 없이 첫 장사를 시작했습니다. 당시 어느 누구도 배달의민족을 제대로 활용하는 방법에 대해 친절하게 알려주지 않았습니다. 기본적인 사용법을 모르는데 배달의민족 활용 노하우는 당연히 알 수가 없었습니다.

흔히 예비 창업자 중에는 일만 배우고 창업을 시작하는 경우가 허다합니다. 자영업 시장에서 일만 가르쳐주고 있기 때문입니다. 사장님의 소중한 돈과 시간을 투자하는데, 일만 배우면 창업을 시작할 수 있다고 생각하는 것은 매우 위험합니다. 이런 자신감은 쓰레기통에 과감하게 버려야 합니다. 절대 그럴 리 없겠지만 마치 모든 걸 잃고 싶어서 안달이 난 것 같습니다.

많은 사장님이 오래 못 가 후회를 거듭하며 폐업이라는 어려운 결정을 하고 있습니다.

가게 운영을 위해서는 누가 말하지 않아도 일하는 방법을 알아야 합니다. 하지만 그보다 중요한 요소들을 갖추고 시작해야 남들과 다른 위치에서 시작할 수 있습니다.

두 청년이 전쟁터에 나가는데 한 청년은 살아 돌아올 것이라는 자신감만 가지고, 다른 한 청년은 전쟁을 수없이 치러 본 할아버지에게 많은 조언을 받고 전쟁터로 나갑니다. 집으로 돌아올 수 있는 청년은 누구일까요?

대부분의 예비 창업자가 단지 일하는 방법만 알고 시작하기 때문에 어쩌면 다행이라는 생각도 합니다. 이 책을 읽는 사장님은 다르게 시작할 수도 있으니까요.

많은 예비 창업자가 일에 관련된 기본적인 사항만 숙지하고 사업을 시작합니다. 처음에는 저 역시 그렇게 시작했습니다. 하지만 수차례 시행착오를 겪으면서 어느 정도 자리를 잡았고 그 과정에서 터득한 노하우를 전해 드리고 싶습니다. 그래서 이 책을 통해 사장님이 행복하게 자영업을 운영하기 바랍니다.

처음부터 배달 시스템의 원리를 알고 시작하면 플랫폼인 '배달의민족' 역시 제대로 알고 활용할 수 있습니다.

배달의민족이 어떤 방향성과 스타일을 추구하는지 알고 시작해야 합니다. 그리고 자칫 그들에게 종속되지 않기 위해 배달의민족에 대한 기본적인 접근과 이해를 먼저 해야 합니다. 많은 사장님이 애초에 시작을 잘못하여 배달의민족이라는 거대한 사업자에게 이끌려 다니고 있습니다. 그래서 사장님들은 항상 지치고 살아남기 위해 고민만 하다가 사라지기도 합니다. 치열한 자영업 경쟁 속에서 상위 가게들만 살아남습니다. 장사를 20년 넘게 한 베테랑 사장님도 배달의민족을 처음 사용하게 되면 헷갈리고 어렵고 낯섭니다. 그렇기 때문에 치열한 배달 시장 경쟁 속에서 그들도 어쩌면 자연스럽게 사라질 수도 있습니다. 작은 부분들이 모여서 큰 것이 된다는 것을 알고 시작하면 사장님은 행복한 경영자 라이프를 즐길 수 있습니다.

대부분의 사장님은 장사가 안되는 이유를 생각하다 적을 찾게 됩니다. 옆 가게보다, 같은 업종 가게보다 더 잘되어야 숨통이 트입니다. 그래서 경쟁을 하고 이기려고 합니다. 이길 수 없는 적은 애초에 포기해 버리고 스스로 자기 자신을 위로합니다. 하지만 적은 외부에 있지 않고 항상 내부에 있다는 것을 인지해야 합니다. 남들보다 잘하려고, 남과 경쟁하지 않고 자신과 경쟁을 하는 사장님은 전보다 나은 나로 발전해가는 과정이 즐겁고 삶의 동력이 되어 매장을 운영하는 것이 즐겁습니다.

반대로 남과 경쟁하는 사장님은 눈치 보기 바쁘고 주위 시선에 따라 살아가기 때문에 매장을 이끌어가는 잣대가 없습니다.

그러나 자기 자신과 경쟁하는 사장님은 자신의 내면이라는 거울에 비추어 반성하고 성찰하고 가치관이 뚜렷하며 자기 자신만의 기준이 있습니다.

나의 한계를 뛰어넘기 위해 자신과 경쟁하는 사장님은 항상 모든 일이 마침표로 끝나지 않습니다. 모든 일이 물음표로 끝나면서 다시 자신에게 질문이 되돌아오기 때문에 계속 고민하고 연구합니다. 반대로 모든 일을 마침표로 마무리한다면 다양한 가능성이 닫혀 버리고, 다람쥐 쳇바퀴 돌 듯 힘든 나날이 계속 반복됩니다.

어제보다 나은 내일을 위해 계속 물음표를 던진다면, 배달 앱의 높은 수수료 때문에 힘들어하지 않는 사장님이 될 수 있습니다.

이 책을 읽고 있는 사장님은 배달의민족에 종속된 관계가 아닌, 사장님 삶의 주인이 되어 살아갈 수 있을 것이라고 확신합니다. 행복한 장사를 통해 사장님의 삶을 살기를 응원합니다.

＊ 이 책에 기재된 내용은 2021년 8월 기준입니다.

배달의민족은
사장님 편이
아니다

배달의민족의
기본적인 접근과 이해

 많은 사장님이 배달의민족을
통해서 유입된 고객에게 음식을 배달합니다.

배달의민족이 생기면서 배달 시장이 활성화되었고, 홀 전문점과
테이크아웃 전문점까지 배달을 시작했습니다. 그만큼 배달 없이는
가게 운영이 힘든 시기가 찾아온 것입니다.

수년 전만 해도 치킨, 피자, 중국집 정도만 배달이 가능하다고 알
고 있었지만 현재는 생각할 수 있는 거의 대부분의 음식이 배달됩니
다. 오히려 배달이 안 되는 것을 찾기 힘들 정도입니다.

배달의민족은 고객이 앱을 통해 한눈에 음식점과 가게의 이미지까
지 상상할 수 있는 정보를 제공하기 위해 밤낮으로 고민하고 해결해
내고 있습니다. 게다가 터치 몇 번으로 주문과 결제까지 가능합니다.
누가 봐도 아주 편한 시스템을 갖췄습니다.

그런데 과연 이렇게 편리한 서비스를 무료로 제공해 줄까요? 다들

알고 있겠지만 절대 무료로 제공해주지 않습니다. 사장님이 수수료를 내니까 고객은 무료라고요? 그 수수료가 상품 가격에 포함되어 있으면 고객이 부담하는 것입니다. 어떤 경우든 배달의민족은 수수료를 받기만 하면 됩니다. 가격 경쟁은 알아서 할 문제니까요. 그래서 대부분의 사장님이 일방적으로 수수료를 부담하게 됩니다.

대다수의 사장님은 수수료를 상품의 가격에 포함시키지 못하고 자신의 이익에서 수수료를 떼주는 방식을 택합니다. 사실 배달의민족에 떼어주는 수수료보다 더 적은 이익을 가져가는 사장님이 허다합니다. 더 안타까운 점은 배달을 하는 사장님 입장에서는 고객과 만나기 위해서 배달의민족을 사용할 수밖에 없다는 것입니다. 어쩔 수 없이 이러한 선택을 해야 한다면 배달의민족을 잘 활용하는 것이 최선일지도 모릅니다.

배달의민족은 0% 수수료 정책으로 많은 자영업자를 품에 안았습니다. 국내 배달 앱 점유율 1등으로 갈 수 있었던 이유이기도 합니다. 하지만 어느 순간부터 변하기 시작했습니다. 그래서 많은 자영업자 사장님이 배달의민족에 끌려다닐 수밖에 없습니다. 이렇게 끌려다니는 순간 배달의민족에 매월 작게는 몇십만 원, 많게는 몇백만 원을 지출해야 합니다. 얼굴도 모르는 배달의민족 직원들의 월급을 사장님이 주는 꼴입니다. 사장님이 열심히 땀 흘려 수익을 창출했는데 이렇게 얼굴도 모르는 사람 월급을 주는 것이 과연 자영업을 시작한 이유였던가요?

배달의민족은 사장님과 고객 중 누구의 편일까요?

배달의민족 고객센터에 전화를 걸면 "배달의민족을 사용하는 사장님은 1번, 배달의민족 어플을 사용하는 고객은 2번을 누르라."고 합니다. 마치 사장님을 고객보다 먼저 생각하는 것 같습니다.

배달의민족은 사장님을 통해서 수익을 창출하는 기업입니다. 고객을 통해서 수익을 창출하지 않습니다. 고객들이 배달의민족 서비스 사용료를 지불하나요? 사장님이 광고비, 수수료 명목으로 배달의민족의 수익을 창출해주고 있습니다.

그리고 사장님으로부터 창출한 수익으로 요기요, 쿠팡이츠 등 다른 배달 앱보다 많은 자본을 고객에게 투자하여 할인과 혜택을 주는 것이 그들의 경쟁 방식입니다.

배달의민족은 사장님 덕분에 존재하는 것입니다. 따라서 배달의민족으로부터 벗어날 수 있는 방법도 사장님에게 있습니다.

배달의민족이
추구하는 스타일

 배달의민족은 어떤 사장님을
좋아할까요?

배달의민족은 국내 1위 배달 앱으로서 요기요와 경쟁을 했었고, 현
재는 쿠팡이츠의 강력한 도전을 받고 있습니다. 요기요는 주문 금액
에 따라 수수료를 부과하는 방식으로 배달 앱 플랫폼을 운영하고 있
는 반면, 배달의민족은 월정액 광고비를 부과하는 방식으로 플랫폼
을 운영하고 있었습니다. 하지만 배민1(one) 광고 상품을 출시한 이후
로는 요기요와 쿠팡이츠처럼 주문 금액에 따라 수수료를 부과하는 방
향으로 나아가고 있습니다.

요기요 수수료가 배달의민족보다 높기 때문에 많은 사장님이 요기
요에서는 리뷰 이벤트를 진행하지 않는 경우가 있습니다(리뷰 이벤트란
고객이 음식을 주문할 때 가게에서 진행하는 리뷰 이벤트 품목을 서비스로 요청하고 수령하
는 대가로 후기를 작성해주는 것입니다). 그래서 다수의 배달 앱 사용자는 똑같
은 음식을 주문할 때 리뷰 이벤트가 없는 요기요보다 리뷰 이벤트를

진행하는 배달의민족을 사용합니다. 즉, 배달의민족은 다른 배달 앱과 경쟁하는 데 있어 많은 사장님이 리뷰 이벤트를 진행하여 고객이 자연스럽게 배달의민족을 사용하기를 원합니다. 배달의민족 입장에서는 돈을 투자하지 않고 이용자 수를 늘릴 수 있는 아주 좋은 방법인 것입니다.

맛집 랭킹 선정 기준에는 리뷰 수가 포함되어 있습니다. 많은 사장님이 맛집 랭킹 순위에 진입하기 위해 리뷰 이벤트를 통해 리뷰 수를 늘리려고 하기 때문입니다. 그리고 미답변 리뷰 수가 얼마나 적은지를 확인하여 맛집 랭킹 선정 기준에 포함할 수도 있습니다. 그래야 많은 사장님이 배달의민족 내 가게 관리를 열심히 할 것이고, 고객의 만족도도 자연스럽게 높아져 경쟁 배달 앱보다 배달의민족을 선호할 것이기 때문입니다.

배달의민족은 '오픈 서비스'라는 광고 상품 도입과 함께 도입한 이유를 '음식 맛 하나는 정말 자신 있지만 광고료를 많이 쓸 자금력이 없는 업주님들에게는 불공정한 환경이 됩니다. 광고비를 많이 쓰는 업소가 아니라 좋은 음식을 제공하는 업소에 주문이 늘어야 요식업계가 발전할 테니까요.'라고 했지만, 대부분 사장님이 진행하는 리뷰 이벤트를 생각해 보면 음식 맛과는 전혀 상관없이 자금력이 풍부한 사장님들만 더 좋은 서비스를 고객에게 제공하는 것입니다. 자금력이 부족한 사장님들에게는 리뷰 이벤트마저 불공정한 환경입니다.

배달의민족이 정말 사장님을 생각하고 위한다면 수익과 이익을 추구하는 서비스를 도입하기 전에 공정한 선의의 경쟁을 위해 리뷰 이벤트를 먼저 없앴어야 합니다.

물론 리뷰 수가 배달의민족 맛집 랭킹 영역 등 장사를 하는 데에 있어 많은 부분에 개입이 되기 때문에 리뷰 이벤트가 자연적으로 생겨났는지도 모르는 일이지만 배달의민족이 진정으로 사장님을 위하고, 생각하는 배달 앱이라면 모든 가게에 대해 리뷰 이벤트를 제재해야 합니다.

배달의민족은 표면상으로는 좋은 음식을 제공하는 업소가 많아야 한다고 하지만, 속내는 배달의민족에 광고비를 많이 납부하고 고액의 수수료를 내는 사장님, 리뷰 이벤트를 적극적으로 활용하여 다른 앱 고객을 배달의민족으로 끌어오는 사장님, 배달의민족 앱 이용자가 다른 앱으로 이탈하지 않도록 리뷰 답글을 비롯해 배달의민족 내 가게 관리를 소홀히 하지 않는 사장님을 좋아할 것입니다.

배달의민족에 매월 엄청난 광고비와 수수료를 납부하지 않기 위해서는 배달의민족의 제대로 된 활용 노하우를 알고 시작해야 합니다. 하지만 그보다 장사의 본질적인 음식 맛과 가게 내부적인 요소가 중요하다는 것을 꼭 알았으면 좋겠습니다.

배달의민족이
추구하는 방향성과
수익 구조

앞에서도 언급했지만 배달의
민족이 승승장구할 수 있었던 이유는 2015년 8월부터 자영업자를
배려한 0% 수수료 정책을 시행한 것이 컸다고 생각합니다. 또한 기
발하고 새로운 마케팅으로 많은 고객을 확보하여 착한 기업, 혁신적
인 기업으로 국내 많은 자영업자와 고객에게 관심과 사랑을 받았습
니다.

배달 앱 시장이 활성화되기 시작한 2015년부터 자연스럽게 배달
앱에 가입하는 자영업자들이 늘어났습니다. 따라서 그에 맞는 수요
를 늘리기 위해 그리고 배달 앱 경쟁에서 이기기 위해 고객에게 대규
모 할인 쿠폰을 무료로 발급해주었습니다. 그렇게 배달의민족은 국
내 배달 앱 부동의 1위라는 타이틀을 얻었습니다.

하지만 2019년 3월부터 슈퍼 리스트를 폐지하고 '오픈 리스트'라는
상품을 도입하면서 점점 자영업자를 위한 배달 앱이 아닌, 자영업자
를 더 힘들게 하는 배달 앱으로 변해가고 있었습니다.

오픈 리스트 도입, 배민오더 전국적 도입, 배민오더 정률 할인 도입, 배달 예상 시간 안내, 오픈 서비스 도입, 배민1 도입 등 배달의민족은 여러 분야에서 시스템적으로 변화를 이루고 있습니다.

앞으로 언제가 될지 모르지만 점점 더 거대하고 독점적인 플랫폼을 구축한 후에는 더 힘든 상황이 초래될 수 있습니다. 언젠가는 광고비를 받는 것이 아니고 모든 주문 금액에 대해 수수료를 부과하는 방식으로 바뀔 것입니다. 수수료마저도 시간이 지나면 점점 더 올라갈 것입니다. 아직 찾아오지 않았을 뿐이지, 빠른 시일 안에 도래할 배달의민족이 추구하는 방향성입니다. 그 시작은 2021년 4월 12일에 공지한 '배민1' 광고 상품입니다. 배달의민족은 '배민1' 광고 상품을 통해 그들이 원하는 방향으로 한걸음 내딛었습니다.

배달의민족은 엄연히 사장님을 통해 수익을 창출하는 기업입니다. 고객을 통해 직접적으로 수익을 창출하지 않습니다.

고객에게 배달의민족 앱 이용료를 받나요?

고객에게 편리함을 제공해주면서 주문이 성사될 때마다 수수료를 받나요?

배달의민족의 모든 수익은 사장님에게서 창출됩니다. 매월 납부하는 울트라콜 광고비, 오픈 리스트 수수료, 배민상회 운영, 배민1(one) 등을 통해 매월 엄청난 수익을 창출하고 있습니다. 그렇게 발생한 수익으로 고객에게 많은 할인 혜택을 제공해왔습니다.

하지만 앞으로는 고객에게 할인, 쿠폰 등의 혜택을 주는 경쟁을 하지 않아도 될 것입니다. 요기요를 운영했었던 리버리히어로가 배달의민족까지 지분을 넓혀 한국의 배달업체 최대 주주가 된 것이나 마찬가지이기 때문입니다. 공정거래위원회의 결정대로 딜리버리히어로가 요기요를 GS리테일에 매각했지만 배달의민족의 독과점에 가까운 상황은 변함이 없기에 더 이상 고객에게 할인 쿠폰을 무료로 제공할 이유도 없어졌습니다. 최종 소비자의 혜택이 줄어듦으로 인해 배달의민족의 이익은 더 늘어날 것입니다. 그리고 앞으로는 더욱 많은 수익과 이익을 내기 위해 배민1 광고 상품을 활성화시킬 것입니다. 국내 기업도 아닌 외국 기업의 입장에서 수익을 더 낼 수 있는데 하지 않을 이유가 전혀 없습니다.

사장님은 배달의민족보다 먼저 생각하고 움직여야 배달의민족을 제대로 활용할 수 있습니다. 무엇보다 중요한 것은 배달의민족류의 배달 앱에 전적으로 의지해서 창업을 하면 안 됩니다. 모든 매출을 배달 앱 플랫폼을 통해 발생시키고 처음부터 배달 플랫폼에 기대면 이익이 현저히 낮거나, 없어서 힘들어지게 됩니다.

배달의민족에 돈을 투자하지 않고 사장님의 가게를 홍보할 수 있는 방법도 찾으면서 장사를 해야 합니다. 처음부터 배달 플랫폼에 의지하지 않고 창업을 시작하면 되지만 많은 사장님이 현실적인 여건 때문에 그렇게 시작하지 못합니다. 그래서 이 책에서는 배달 앱을 효율적으로 활용하는 법을 다루고자 합니다.

배달의민족이
없던 시절

 배달의민족이 없던 시절에는
사장님이 열심히 전단지를 돌리거나 책자 광고를 싣는 등 최선을 다
해 노력만 하면 장사가 잘되는 시대였습니다.

그러나 배달의민족이 등장하면서 더 이상 전단지, 책자 광고는 무
의미해졌습니다. (하지만 여전히 하고 있죠.)

배달 앱 덕분에 많은 가게가 배달 서비스를 시작했고 손쉽게 가게
홍보를 할 수 있게 되었습니다. 결과적으로 기존보다 경쟁이 치열해
진 것이고, 앞으로는 더욱 심해질 것입니다.

배달의민족이 배달 문화에 정착하면서 전화 주문은 거의 사라졌습
니다. 많은 고객이 배달의민족 앱 터치만으로 주문을 하고 있습니다.
사징님의 입상에선 마우스 클릭 두 번만으로 고객이 주문한 내용이
인쇄되어 나옵니다. 주문한 내용이 인쇄되어 나오는 순간 사장님의
매출은 따로 신고하지 않아도 그대로 국세청에 전달됩니다.

그런데 이것이 과연 편리하고 좋은 현상이기만 할까요?

물론 전화로 고객을 응대해야 하는 수고는 확실히 줄어들게 됩니다. 하지만 배달의민족에 매달 지출되는 광고비, 수수료, 할인 비용까지 고려해 본다면 위에서 말한 것들이 마냥 좋은 현상이라고 단정지을 수는 없습니다.

대부분의 가게가 바쁜 시간 전화 받는 사람 한 명을 고용하는 것보다 배달의민족에 지출하는 비용이 더 많습니다. 투자 금액 대비 효율성을 생각해 본다면 배달의민족이 없던 시절이 더 높았습니다. 어쩌면 배달의민족 때문에 폐업하는 가게가 더 늘어나고 있을지도 모릅니다.

독점과 다름없는 구조가 되어 버린 배달 앱 시장 안에서 자영업자들에게 선택의 폭은 좁아지다 못해 없어졌습니다. 너무 과한 광고비와 수수료 때문에 배달 앱을 사용 안 하자니, 막강한 네트워크와 정보를 독점해 버린 배달 플랫폼에 기대지 않고서는 자영업을 지속하기 힘겨운 상황이기 때문입니다.

하지만 배달 앱 없이도 장사를 하는 사장님이 나중에는 웃을 수 있습니다. 언제 어떻게 수수료를 인상해도 이상할 게 없는 배달 앱 플랫폼들이고 앞으로도 자영업자와의 관계에서 쌍방향이 아닌 일방향으로 갈 것이기 때문에 고객이 배달 플랫폼을 거치지 않고 주문할 수 있도록 자신만의 네트워크를 구축하는 능력도 키워야 합니다.

배달 앱에 의존해서 빨리 가는 사장님은 머지 않아 엎어질 가능성도 있지만 배달 앱에 의존하지 않고 자신만의 네트워크를 구축하면 늦더라도 엎어지지 않고 끝까지 갈 수 있는 사장님이 될 수 있습니다.

순풍만 맞으며 나아가는 사장님은 역풍이 오면 뒤집어질 수밖에 없습니다. 하지만 처음부터 역풍에서 시작한 사장님은 순풍을 맞는 순간 배달의민족 때문에 걱정하고 스트레스 받는 일은 남의 일처럼 느껴질 것입니다.

배달의민족의
배달 시장 장악 상황

 배달의민족은 과연 얼마나 배
달 시장을 장악했을까요?

2019년 12월 기준으로 배달의민족 앱 다운로드 수는 5,100만 명,
월 이용자는 1,200만 명, 월 평균 주문 건은 4,200만 건, 등록된 가게
는 20만에 달합니다.

대한민국 추계 인구수는 2021년 기준 5,167만 명이 넘었습니다. 거
의 대한민국의 인구수만큼 배달의민족 앱이 다운로드된 것입니다.

국내 배달 앱 시장 점유율은 2018년 기준 배달의민족이 55.7%
로 2위인 요기요 33.5%보다 많이 앞서 있었습니다. 앞에서도 잠깐
설명했지만 2019년 12월 독일계 글로벌 기업인 딜리버리히어로에
4조 7,500억 원이라는 기록적인 규모로 배달의민족이 매각됐다는
소식이 전해졌습니다. 요기요를 창립한 딜리버리히어로는 2014년
에 국내 배달 앱 배달통도 인수한 바 있습니다. 공정거래위원회에서
요기요를 매각하도록 제동을 걸지 않았다면 하마터면 딜리버리히어

로가 국내 배달 앱 1~3위를 독과점할 뻔했던 상황인 것입니다.

거대 공룡이 된 배달의민족은 배달 시장뿐만 아니라 이미 배민오더를 통해 테이크아웃과 홀 매장 고객까지 삼키려 하고 있습니다. 앞으로 고객들이 테이크아웃과 홀 매장을 이용하려고 할 때 그냥 집에서 나갈까요? 빠른 시일 안에 대부분의 고객들이 배민오더로 가게를 찾아 미리 예약을 할 것입니다.

많은 사장님이 배달의민족과 배민오더를 사용하면서 신규 사업자가 진입하여 자리를 잡는 것은 더욱더 힘들어질 것이고, 꾸준한 매출을 올리기 위해 자리를 잡는 시간마저도 최소 1년 이상 걸릴 것입니다. 매월 적게는 수십만 원, 많게는 수백만 원의 광고비와 수수료를 지출해도 배달의민족에 투자된 돈을 회수하기까지는 몇 년이 걸릴 수도 있습니다. 투자금을 회수하기 위해 더 많은 투자를 해 보지만 결국 회수는 하지도 못하고 폐업하는 가게가 늘어날 것은 불을 보듯 뻔한 문제입니다.

이렇게 부조리한 상황에서도 배달의민족이 자영업자들을 통해 돈을 벌 수 있는 이유는 엄청난 자본을 투자하여 고객에게 혜택을 주고 편리하게 만들어 사용할 수밖에 없는 환경을 조성했기 때문입니다. 그것이 플랫폼 비즈니스가 추구하는 방향이기도 합니다.

앞으로 자영업자는 어떻게 될까요? 얼마나 많은 자영업자가 가게를 접어야 할까요?

망하지 않기 위해서는 멋진 인테리어, 좋은 상권, 유명한 프랜차이즈, 배달의민족 등 장사의 비본질적인 것들에 집중하면 안 되는 것입니다. 앱 다운로드 수가 많다고, 월 이용자 수가 많다고 배달의민족을 통해 사장님이 성공할 수 있다는 자신감은 가지지 않는 것이 좋습니다. 물론 배달의민족을 통해 번창하는 사장님도 있겠지만 그들은 상위 10% 정도에 불과합니다.

배달의민족은 수익과 이익을 추구하는 기업입니다. 사장님은 열심히 장사해서 얼굴도 모르는 배달의민족에게 매일 이익의 많은 부분을 지출하고 있는 것입니다.

앞서 말한 비본질적인 것보다 고객을 만족시키기 위한 방법을 고민해야 합니다. 예를 들어 비싸더라도 흔쾌히 지불하고 먹을 수 있는 음식의 맛과 친절함, 위생, 고객과의 교감, 음식 또는 가게의 스토리 등에 집중해서 고객을 감동시키고 마음을 사로잡는다면 자연스럽게 고객은 배달의민족을 거치지 않더라도 사장님 가게를 찾아옵니다.

배달의민족은
이미 요기요처럼
변하고 있었다

 2019년 12월 13일 우아한 형제들의 기업 매각 소식이 들리기 전부터 배달의민족은 슈퍼 리스트 폐지와 함께 오픈 리스트 도입, 배달 소요 시간 안내, 오픈 서비스 도입 등 조금씩 요기요처럼 변하고 있었습니다. 배달의 민족 입장에서는 요기요에서 시행하는 주문 금액에 따라 수수료를 부과하여 더 큰 수익이 창출되는 방식을 채택하지 않을 이유가 없습니다.

2020년 4월 1일 오픈 서비스가 도입되자 코로나19의 여파로 경기 불황에 신음하던 자영업자들이 강하게 반발했고, 불길은 소비자들의 '배민 불매 운동'으로까지 번졌습니다. 그로 인해 4·15 총선을 앞두고 정치권에서는 여야를 가리지 않고 '배민 때리기'에 나섰고, 이슈를 선점한 이재명 경기도지사는 당시 비민을 대체할 '공공 앱 개발'을 선포하기도 했습니다.

배달의민족은 공정거래위원회의 기업 결합 심사를 기다려야 하는 상황이었기 때문에 어쩔 수 없이 한 달 만에 오픈 서비스를 폐지하게 되었습니다.

다행히 오픈 서비스 광고 상품이 무산되었지만 딜리버리히어로의 독과점 시장이 손쉽게 형성되었다면 음식의 가격이나 배달료가 인상되었을 것이며, 기존에 지급되었던 신규 가입자 혜택이나 경쟁사를 의식해서 진행되었던 쿠폰, 이벤트도 없어졌을 것입니다. 그러나 비록 요기요를 매각하는 조건부 승인이었음에도 불구하고 부동의 국내 배달 앱 1위를 거머쥔 딜리버리히어로에 의해 새로운 요금제 개편은 이뤄질 것이고 많은 자영업자가 힘겨워 할 미래가 예상됩니다.

이미 2020년 6월 9일 공정거래위원회는 배달의민족에게 4개 유형의 불공정 약관 조항 시정 조치를 했습니다. 배달의민족의 법률상 책임을 부당하게 면제하는 조항과 일방적인 계약 해지 조항, 소비자에게 개별 통지 없이 서비스를 중단하는 조항, 통지 방식이 소비자에게 부당하게 불리한 조항들이 문제가 있다고 판단한 것입니다.

이처럼 배달의민족이 초기의 모습을 잃고 요기요처럼 변해가는 것과 무관하게 사장님은 사장님만의 장사를 할 수 있어야 합니다.

배달 앱이 시장을 장악한 상태에서 그게 어떻게 가능한 일이냐고 할 수 있겠지만, 이미 배달의민족과 무관하게 행복한 자영업을 하고 있는 사장님도 많습니다.

배달 앱에 의존해서 창업하지 않고 본질적인 자신만의 특별한 음식 가치에 대해 고민하면 됩니다. 그리고 많은 돈을 투자하지 않고 폐

업을 하더라도 살아가는 데 타격이 없을 만큼 적은 돈으로 시작해야
합니다. 대부분의 사장님이 자신이 가진 돈 전부를 투자해서 시작하
기 때문에 매출을 많이 올리려고 합니다. 그로 인해 배달 앱의 늪에
빠지는 것이고, 많은 돈을 벌어야 하기 때문에 더 힘들어지는 것입니
다. 애초에 적은 돈으로 시작하면 대부분의 사장님과는 다르게 시작
하고 편안한 마음가짐으로 장사에 임할 수 있습니다.

배달의민족을 불신하면서도 배달의민족을 사용할 수밖에 없는 이
유를 생각하지 말고, 사용하지 않아도 될 이유를 생각하기 바랍니다.

오픈 서비스,
도입과 함께 사라지다

 2020년 4월 1일에 배달의민족에 큰 변화가 일어났습니다. 기존의 오픈 리스트를 폐지하고 오픈 서비스라는 상품이 도입된 것입니다. 배달의민족에 의하면 오픈 서비스는 기존 시스템의 문제 즉, 자금력이 풍부한 업주들만 깃발(울트라콜)을 많이 꽂을 수 있으며 특정 지역의 주문 독차지로 인해 자금력이 부족한 업주들에게는 주문이 줄어들 수밖에 없는 불공정한 문제를 해결하기 위해 도입한 것이라고 했습니다. 여기서 그들이 겉으로 내세우는 명분과 추구하는 실리가 다르다는 것을 알 수 있습니다. 그 점을 살펴보면 앞으로 그들이 어떤 방향으로 나아갈지 추측할 수 있습니다.

오픈 서비스의 도입으로 인해 변경되는 주요 사항 여덟 가지를 알아보겠습니다.

첫 번째로 기존의 오픈 리스트가 영역 내 3개의 가게만 랜덤으로 노출되었다면 오픈 서비스는 신청한 모든 가게가 노출됩니다. 즉, 100개든 200개든 오픈 서비스를 신청한 가게가 모두 노출된 후 울트라콜 영역 내에 있는 가게가 노출되기 때문에 울트라콜에 의한 주문은 거의 없고, 대부분의 구매자는 '주문 금액에 따른 수수료가 발생하는' 오픈 서비스를 통해 주문할 것입니다.

두 번째는 오픈 서비스를 사용하는 사장님은 1인분 카테고리 노출 조건만 충족한다면 별도의 신청을 하지 않더라도 1인분 카테고리에 가게가 노출됩니다.

세 번째는 울트라콜 상품을 최대 3개까지만 가입할 수 있게 변경됩니다. 2020년 4월 1일 이전에 사용 중인 울트라콜 상품은 개수와 상관없이 2020년 12월 31일까지 유지할 수 있게 해주며, 4월 1일 이후에 울트라콜 상품을 가입할 경우 최대 3개까지 가능한 것입니다.

네 번째는 정렬 기준으로 고객 위치와 사장님의 실제 가게 주소가 가까운 순서대로 구간이 나눠 노출되며 각 구간 내에서 항목별 가중치를 적용해 가중치가 높은 가게가 상단에 노출되며 매일 오전에 업

구간 (고객과 매장의 실거리)	추가 가중치	제외된 추가 가중치
1구간 (1.5km 이하)	혜택 (할인을 제공하는 가게)	혜택 (할인을 제공하는 가게)
2구간 (1.5km 초과 3km 이하)	선호(주문 취소율, 재주문율 등을 기준으로 고객 선호도가 높은 가게)	
3구간 (3km 초과)	신규(최초 업주 등록일 기준 90일 이내의 신규 가게)	

데이트되어 반영되는 것입니다.

다섯 번째는 주문 중개 수수료가 오픈 리스트 수수료 7.48%(부가세 포함)보다 1.1% 낮은 6.38%(부가세 포함)로 변경된다는 점입니다.

여섯 번째는 유료 상품이었던 반짝 쿠폰, 신규 아이콘(배지)이 무료로 변경되었습니다. 기존에는 고객에게 할인을 제공하기 위한 반짝 쿠폰과 가게명 옆에 '신규'라는 배지를 적용시키는 신규 아이콘을 사장님이 별도로 구매했습니다.

일곱 번째는 사장님이 배달 가능하다고 지정한 모든 구역에 노출이 되는 것입니다. 예를 들면 서울 전역에 배달이 가능하다는 조건을 지정하면 서울 어디서든 사장님의 가게가 노출되는 것입니다.

여덟 번째는 과거에는 수수료를 부과하지 않았던 지면(검색, 찜 등)에서도 발생한 주문에 대해 수수료가 부과된다는 것입니다. 쉽게 말해 배달의민족 앱을 통해 주문하는 모든 경로에 대해 수수료를 부과하겠다는 뜻입니다. 이 부분에 대해서 자영업자들의 반발이 컸습니다.

위의 설명에서처럼 오픈 서비스 도입으로 인해 울트라콜은 무의미해졌습니다. 배달의민족에서 1,000만 원의 매출을 발생시키기 위해 울트라콜 상품을 2개만 사용하고 있었던 사장님은 176,000원의 고정 광고비 지출에서 638,000원으로 수수료 지출이 늘어난다는 뜻입니다.

하지만 이 오픈 서비스는 코로나로 인해 힘들어진 외식업주들의 강한 반발에 부딪쳤고 정부 관계 기관, 각계의 많은 조언과 충고를 받아들인 배달의민족 대표진의 사과문과 함께 2020년 4월 30일부로 폐지되었습니다.

오픈 서비스의 도입과 함께 배달의민족은 요기요처럼 변해 가고 있었습니다. 하지만 오픈 서비스는 코로나라는 큰 변수를 생각하지 못해 자영업자들과 국민의 원성만 사며 한 달 만에 폐지되었습니다. 그로부터 1년 정도가 지난 후, 배달의 민족은 쿠팡이츠를 의식하여 '배민1' 광고 상품을 출시했습니다. '배민1' 광고 상품은 대다수의 자영업자가 사용하지 않으면 안 될 광고 상품으로 자리잡게 될 것이고, 오픈 서비스에 비해 2배에 가까운 수수료가 책정되었기 때문에 자영업자는 더 힘들어지게 됩니다.

배달의민족을 통해
가게를 홍보하라

 배달의민족은 국내 배달 앱 1
위입니다. 배달의민족에서 사장님의 가게를 돈 들이지 않고 수 많은
고객에게 홍보할 수 있습니다. 배달의민족에 가입하기 위해서는 사
업자등록증, 영업신고증, 통장 사본을 제출해야 하며 매장 전화번호
는 필수입니다. 그리고 이메일 주소, 사업자 명의 번호, 메뉴, 금액,
원산지, 최소 주문 금액, 영업시간, 휴무일 등을 설정하면 됩니다.

가게를 운영하는 데 있어 배달의민족 광고비, 수수료 등을 지불하
지 않고 가게를 배달의민족에 홍보하기 위해서는 울트라콜 상품이 아
닌 오픈 리스트 상품에 가입하면 됩니다. 오픈 리스트 상품은 주문
이 발생했을 때만 수수료가 부과되는 방식이기 때문에 주문이 발생
하지 않도록 최소 주문 금액을 50만 원으로 설정해 놓고 가게 소개,
가게 안내 및 혜택, 사장님 공지, 사장님 한마디를 활용해서 배달의
민족을 홍보 수단으로도 사용할 수 있습니다.

사장님이 오프라인 홀, 테이크아웃 매장을 운영하고 있거나 창업

계획 중에 있다면 배달의민족을 통해서 고객이 사장님 가게를 볼 수 있고, 알 수 있도록 홍보하는 것입니다. 이러한 방법은 돈이 들지 않기 때문에 하지 않을 이유가 없습니다. 사장님의 가게 사진을 등록하고 주소, 전화번호, 메뉴 등을 설명하여 고객이 사장님의 가게를 찾아올 수 있도록 홍보하면 됩니다. 아울러 본질적인 음식 맛, 청결, 친절 등에 집중하여 고객을 만족시킨다면 그 고객은 자연스럽게 사장님의 가게를 홍보하고 다니게 됩니다. 무조건 고객이 많이 찾아온다고 좋아할 일이 아니고, 사장님의 가치 있는 음식을 통해 고객이 만족하는 것이 중요합니다. 이렇게 시작하면 처음에는 더디게 나아갈지 몰라도 나중에는 사장님이 웃을 수 있습니다.

배달 앱에 의존하여 장사를 하면 사장님의 가게는 매번 바뀌는 정책, 광고비, 수수료 등에 이끌려 다닐 수밖에 없습니다. 그리고 코로나19로 인해 더 치열해진 배달 시장 속에서 살아남기는 더더욱 힘들어질 것입니다. 잘하는 사람이 있으면 못하는 사람도 있기 마련입니다. 많은 사장님이 배달의민족에 공격적으로 많은 돈을 투자할 때 반대로 고객이 서서히 늘어갈 수 있는 가게를 운영하여 외부적인 환경에 휘둘리지 않도록 탄탄하게 자리 잡아 나가는 것이 현명합니다. 가게 홍보를 해야겠다고 생각하는 사장님이라면 돈을 들이지 않고 배달의민족을 이용해 사장님의 가게를 홍보해 보십시오. 단, 고객이 만족할 수 있도록 가게 내부적으로 문제가 없어야 이러한 방법이 독이 되지 않고 실이 될 수 있습니다.

배달의민족,
이 정도는 알고
시작하자

울트라콜(깃발)을
최소화하라

 배달의민족은 울트라콜이라는

광고 상품을 사장님께 판매하고 있습니다. 한때 정액제인 울트라콜을 무력화시키기 위해 오픈 리스트를 폐지하고 오픈 서비스를 시행한 적도 있었지만 앞서 설명한 것처럼 매장들의 반발에 부딪혀 이내 오픈 리스트를 부활시켰습니다.

울트라콜 광고 상품에 가입하면 사장님의 가게를 배달의민족 앱에 상시 노출시킬 수 있습니다. 울트라콜을 깃발이라고 부르기도 합니다. 울트라콜은 사장님이 원하는 광고 주소지마다 제한 없이 설정할 수 있습니다. 단, 각각의 울트라콜 광고 주소지가 300m 이상 떨어져야 합니다. 울트라콜 상품 비용은 주문 수, 주문 금액과 상관없이 개당 88,000원(부가세 포함)입니다.

사장님이 설정한 울트라콜 광고 주소를 기준으로 사장님의 가게 노출 반경이 결정됩니다. 노출 반경은 다음의 표와 같습니다.

구분	치킨	분식, 한식, 중식	그 외 카테고리
서울, 경기, 광역시	1.5km	2km	3km
그 외 지역	3km		

표에 나와 있는 그 외 카테고리는 카페/디저트, 돈가스/회/일식, 피자, 아시안/양식, 족발/보쌈, 야식, 찜/탕, 도시락, 패스트푸드입니다.

설정한 울트라콜 노출 반경 안에 음식을 받을 주소지가 설정되어 있는 고객에 한해서 사장님의 가게가 노출됩니다. 노출 순서는 고객이 설정한 위치와 울트라콜 광고 주소지가 가까운 순서대로 노출됩니다.

울트라콜 광고 주소지 설정은 매우 중요합니다. 사장님의 가게를 많이 이용할 것으로 예상되는 주소지를 찾아야 하고 배달하기 수월한 지역을 위주로 설정해야 합니다.

매월 울트라콜 상품 이용료가 정상적으로 납부되어야 광고가 노출됩니다. 울트라콜 상품 이용료는 언제 납부해야 하는지 표를 통해 살펴보겠습니다.

정기 결제일	광고 노출일
5일	11일~다음 달 10일
15일	21일~다음 달 20일
25일	다음 달 1일~말일

예를 들어 5일을 정기 결제일로 선택했다면 1월 5일에 납부한 울트라콜 상품 이용 기간은 1월 11일~2월 10일까지입니다. 25일을 정기 결제일로 선택했다면 1월 25일에 납부한 울트라콜 상품 이용 기간은 2월 한 달간입니다.

울트라콜 이용 기간이 다음 달 한 달이라고 쉽게 알수 있도록 정기 결제일을 25일로 선택하는 분들이 많습니다. 장부 작성과 관리 회계 측면에서 바라본다면 정기 결제일을 25일로 선택하는 것이 가장 바람직합니다.

울트라콜 상품 이용료는 배달의민족 비즈 머니에서 차감됩니다. 비즈 머니는 배달의민족에서 광고비를 납부하기 위해 사용되는 사이버 머니입니다. 비즈 머니 충전은 일반 충전과 자동 충전 중에 선택할 수 있습니다. 일반 충전은 배민 사장님 광장을 통해 직접 충전해야 하며, 자동 충전은 등록한 결제 수단(계좌 납부, 신용카드)을 통해 비즈 머니가 자동으로 충전됩니다.

Q 울트라콜 광고 주소를 정하기 위해서는 노출 반경을 봐야 정할 수 있을 것 같아요. 한눈에 쉽게 볼 수 있는 방법이 있나요?

A PC로 카카오맵을 켜주세요. 카카오맵의 3시 방향에 사진과 같은 도구들이 있습니다.

반경재기를 클릭하시고 설정할 울트라콜 광고 주소지를 클릭해주세요. 그리고 마우스를 움직이시면 움직이는 만큼의 반경이

글씨로 나옵니다. 사장님 가게에 적
용되는 노출 반경만큼 마우스로 늘
려 노출 반경을 확인하시면 됩니다.
울트라콜 광고 주소지를 강남구청으
로 하였을 때 1.5km 반경입니다.
아래 지도와 같이 동그라미 부분 영
역 내에 음식을 받을 주소지가 설정
된 고객에 한해서 사장님의 가게가

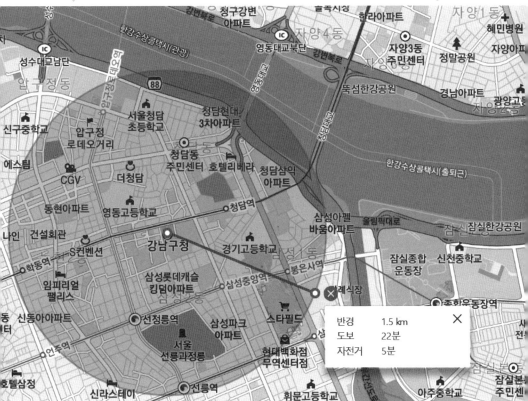

노출됩니다.

Q 생각보다 배달의민족 주문이 많지 않아서 울트라콜 광고 주소지를 옮겨보려고 하는데 옮길 수 있나요?

A 네. 울트라콜 광고 주소지는 언제든 옮길 수 있습니다. 배달의민족 사장님 광장에서 셀프서비스-광고 관리-변경하고자 하는 울트라콜 자세히 보기 클릭 후 노출 위치 변경을 통해 직접 할 수도 있으며 PC 사용이 어렵다면 배달의민족 고객센터 1600-0987로 전화해서 도움을 받으시면 됩니다.

Q 보통 울트라콜 상품을 몇 개나 사용해야 장사가 잘될까요?

A 장사에는 정답이 없습니다. 사장님의 가게 배달 반경과 상권에 따라 천차만별입니다.

사장님 가게의 배달 가능한 행정구역에 경쟁업체들은 몇 개의 울트라콜 상품을 사용하는지 파악해 보세요. 최소한의 울트라콜 상품을 사용하면서 가게 내부적인 문제들을 찾아 해결하고 순이익에 집중하는 것도 방법입니다. 울트라콜에 투자할 돈을 직원 인건비 등 가게 내부적으로 투자하는 것이죠.

Q 울트라콜 상품을 3개 가입하고 가게를 운영 중입니다. 배달 매출이 너무 적어 울트라콜을 더 가입해 보려고 합니다. 어떻게 해야 할까요?

A 현재 광고를 하고 계시거나 가게가 배달의민족에 등록되어 있다면 직접 PC나 스마트폰으로 최대 10개까지 한 번에 신청할 수 있습니다. 그리고 승인 이후 울트라콜 상품을 더 추가할 수 있습니다. 방법은 배달의민족 사장님 사이트-셀프서비스-왼쪽 하단에 광고 신청 바로가기 클릭 후 본인 인증 후 쉽게 혼

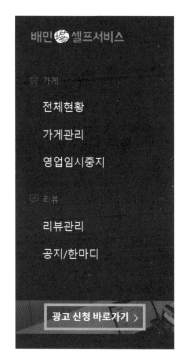

자서 진행할 수 있습니다. 이 또한 PC 사용이 어렵다면 배달의민족 고객센터 1600-0987에 전화해서 도움을 받으시면 됩니다. 배달의민족 고객센터는 24시간 운영됩니다.

저라면 울트라콜 상품을 사장님 가게 잠재 고객이 많은 지역과 사장님이 수월하게 배달할 수 있는 좁은 지역에 집중시키겠습니다.

Q 울트라콜을 많이 사용하면 배달 주문이 늘어날까요?

A 앞서 말씀드렸듯이 장사에는 정답이 없습니다. 물론 사장님의 가게가 고객에게 여러 번 노출되면 주문 수는 늘어날 수도 있습니

다. 하지만 맛, 서비스, 고객 응대 등 내부적인 요소들이 준비되지 않으면 울트라콜을 많이 사용하는 것은 밑 빠진 독에 물 붓기입니다. 외부적인 울트라콜을 많이 사용하는 것보다 내부에 무슨 문제가 있는지 먼저 찾아보세요. 배달의민족을 제대로 활용할 줄 알아야 사장님의 소중한 돈이 헛되게 낭비되지 않습니다.

Q 배달의민족 울트라콜 상품을 사용하지 않으면 배달의민족 앱에 가게를 노출시킬 수 없나요?

A 울트라콜 상품을 사용하지 않더라도 사장님의 가게를 노출시킬 수 있습니다. 다음 페이지에서 설명하는 오픈 리스트라는 상품을 이용하면 됩니다.

오픈 리스트로
가게를 노출하라

오픈 리스트는 카테고리별로 상단에 노출되는 상품입니다. 아래 앱 화면을 통해 오픈 리스트가 어떻게 상단에 노출되는지 살펴보겠습니다.

화면을 보면, 카테고리 안에서 오픈 리스트가 상단에 먼저 노출되고 그 밑에 울트라콜이 노출됩니다. 그리고 오픈 리스트 영역 내에는 3개의 가게만 노출됩니다. 쉽게 말해 100명의 사장님이 오픈 리스트 상품에 가입하더라도 그중 3개의 가게만

랜덤으로 노출되는 것입니다.

노출 방식은 고객이 설정한 주소지와 사장님의 실제 가게 거리가 가까울수록 더 자주 노출되고, 거리가 먼 고객에게는 낮은 빈도로 노출됩니다. 모든 고객에게 똑같은 가게가 노출되는 것이 아니라 고객의 접속 위치, 접속 시간 등에 따라 가게들이 랜덤으로 노출되는 방식입니다. 노출 반경은 카테고리에서 가게 실제 주소 기준으로 리스트 상단 광고는 반경 3km, 1인분 테마 광고는 반경 2km, 채식 테마 광고는 반경 3km까지 노출됩니다.

오픈 리스트는 울트라콜 가입 여부와 상관없이 가입할 수 있으며, 카테고리별로 하나의 오픈 리스트만 신청할 수 있습니다. 또한 울트라콜처럼 매월 고정된 상품 이용료를 지불하는 방식이 아닙니다. 오픈 리스트 영역 안에 노출된 가게를 고객이 클릭 후 (바로 결제나 만나서 결제 여부에 관계 없이) 터치 주문이 발생했을 때 음식 주문 금액의 7.48%(부가세 포함)를 지불해야 합니다. 그리고 고객이 바로 결제를 통해 주문하였다면 외부 결제 수수료 3.3%(부가세 포함)를 추가로 지불해야 합니다.

고객이 오픈 리스트를 통해서 최초 주문을 하고 재주문 시 주문 내역을 통해 주문을 하는 경우에도 (오픈 리스트 영역 내에서 주문하지 않았더라도) 오픈 리스트 수수료가 부과됩니다.

하지만 손님이 주문 내역을 통해 재주문을 하는 시점에 사장님의 오픈 리스트 상품이 해지되어 있으면 수수료는 부과되지 않습니다.

또한 고객이 오픈 리스트 영역 안에 노출된 가게를 클릭하여 전화를 통해 음식을 주문했다면 맛집 랭킹, 검색, 찜을 통해 주문을 하는 경우에도 오픈 리스트 수수료가 부과되지 않습니다. 당연한 얘기겠지만 거래 금액에 포함되어 있는 배달 팁이나 사장님이 부담하는 쿠폰이나 테이크아웃 할인 금액도 오픈 리스트 수수료 계산에 포함되지 않습니다.

오픈 리스트 수수료는 사장님이 배달의민족에게 따로 지불하는 것이 아니라, 배달의민족이 '바로 결제' 매출에서 오픈 리스트 수수료와 외부 결제 수수료를 차감한 뒤 사장님께 정산을 해주고 있습니다.

Q 오픈 리스트 수수료 부과에 대해 예시를 통해 설명해주세요.

A 고객이 프라이드치킨(15,000원)을 주문하고 배달 팁 1,000원을 결제했다면 음식값 15,000원에 대해 오픈 리스트 수수료 7.48%가 부과되고 총 결제 금액인 16,000원에 대해 외부 결제 수수료 3.3%가 부과됩니다.

고객이 프라이드치킨(15,000원)을 주문하고 할인 쿠폰 2,000원을 적용받았다면 할인이 적용된 13,000원에 대해 오픈 리스트 수수료 7.48%가 부과되고 총 결제 금액인 13,000원에 대해 외부 결제 수수료 3.3%가 부과됩니다.

Q 울트라콜과 오픈 리스트의 차이를 설명해주세요.

A 다음의 표를 참고해주세요.

(부가세 포함)

구분	울트라콜	오픈 리스트
매월 고정 상품 이용료	88,000원	없음
음식 금액에 대한 수수료	없음	바로 결제 / 만나서 결제 모두 적용 7.48%
외부 결제 수수료	바로 결제 금액에 대해 3.3%	바로 결제 금액에 대해 3.3%
상시 노출 여부	울트라콜 영역 내 상시 노출	오픈 리스트 영역 내 랜덤 노출
노출 반경	지역 및 카테고리별로 상이	가게 실제 주소 기준 3km
전화 주문 수수료 여부	없음	없음
상품 가입 개수	무제한	카테고리별 하나
장점	주문이 많이 들어와도 고정 비용만 지출하면 됨	카테고리 내 영역 상위 노출
단점	주문이 1건도 없더라도 고정 비용을 지출해야 함	주문이 들어오는 만큼 수수료가 부과됨

배민오더는
늪이다

 배민오더는 사장님 가게의 포
장 또는 매장 주문을 고객이 배달의민족 앱으로 주문과 결제를 할 수
있는 서비스입니다.

배달의민족에서는 배민오더 상품을 "이제 배민오더가 사장님의 오
프라인 매장도 스마트하게 바
꿉니다."라고 말합니다. 사장
님의 입장에서 해석하면 오프
라인 매장의 포장 또는 매장
주문을 중개해주고 수수료를
받겠다는 의미입니다.

배민오더는 배달 여부, 배
달의민족 광고 상품 가입 여
부와 상관없이 가입할 수 있
습니다.

광고 신청

배민포장주문

캠페인ID	광고 카테고리	노출 위치	적용 기간	광고 노출	
4015411 진행중	중식	가게 위치	2021. 03. 06. (토) ~	ON	자세히 보기 ⌄

배민오더 가입 시 옵션은 세 가지로 나눌 수 있습니다.

첫째는 매장, 둘째는 포장, 셋째는 매장, 포장 둘 다입니다.

여기서 말하는 매장이라는 옵션은 고객이 배달의민족 앱으로 미리 주문 결제하고, 매장에서 식사를 하는 것입니다. 홀 손님이라는 뜻입니다. 포장은 고객이 배달의민족 앱으로 미리 주문 결제하고, 매장에서 음식을 포장해 가는 것입니다.

가게 상황에 따라 배달의민족 사장님 광장 – 셀프서비스 – 광고 관리를 통해 배민오더 기능을 켜고 끌 수 있습니다.

그리고 예약 주문 기능을 활성화해두면 고객이 특정 시간에 매장이나 포장 주문을 예약할 수 있고, 배민오더 포장 주문 고객에게 할인 혜택을 제공할 수도 있습니다.

QR코드

또한 배민오더 가입 시 별도로 QR코드 주문을 신청할 수 있습니다.

QR코드 신청을 통해 매장에 QR코드가

있으면 고객이 사장님께 직접 의사소통으로 주문을 하는 것이 아니라 스마트폰의 카메라를 켜서 QR코드를 비춰 웹페이지나 앱으로 바로 연결되는 링크를 통해 주문과 결제를 할 수 있습니다. 고객이 매장의 QR코드를 스캔하면 바로 사장님 가게의 메뉴판으로 연결되며 QR코드 주문은 사장님의 매장 형태에 따라 서빙형과 픽업형으로 구분해서 신청할 수 있습니다.

서빙형은 음식을 직접 고객에게 서빙하는 것을 말하며 픽업형은 고객이 음식을 가지러 오는 것입니다.

배달의민족은 2021년 12월 31일까지 배민오더를 통해 발생한 주문에 대해 광고비와 수수료를 받지 않겠다고 합니다(외부 결제 수수료 3.3% [부가세 포함]). 기존에는 2020년 12월 말까지 수수료 무료 정책을 펼쳤으나, 2021년 6월 말까지로 연장하였고, 또 한 번 2021년 12월 말까지 수수료 무료 정책을 연장했습니다. 2022년 1월 1일부터는 광고비 또는 수수료를 받겠다는 말입니다.

왜 배달의민족이 2021년 12월 31일까지 배민오더를 무료로 사장님에게 제공해줄까요?

2021년 12월 31일까지 배민오디를 사상님들께 무료로 제공함으로써 많은 사장님이 가입할 것이고, 그로 인해 빠른 시간 안에 배민오더가 활성화되기를 기다리고 있는 것입니다. 그리고 활성화가 되면 광고비 또는 수수료를 받겠다는 말입니다. 배달의민족이 배민오더가 활성화되는 시기를 2021년 12월 말까지 계획하고 있다는 뜻입니다. 더 빨라질 수도 있겠죠.

현재의 배달 시장 상황을 감안한다면, 배달의민족이 오프라인 가게의 매장, 포장 주문까지 장악하는 것은 시간문제입니다. 이러한 상황을 감안하여 사장님은 배민오더에 의존하지 않고 본질에 집중해 배달의민족이라는 늪으로 빠져들지 않기를 바랍니다.

배민1을 섣불리
시작하지 마라

 배달의민족은 '오픈 서비스' 광
고 상품을 철회한 후, 그동안 비교적 잠잠했습니다. 하지만 2021년
4월 12일 새로운 광고 상품 '배민1' 출시를 공지했습니다. '배민1' 광
고 상품은 주문부터 배달까지 모두 제공하는 서비스입니다. 배민 카
테고리 목록과 별도로 분리된 영역에서 가게 노출이 됩니다. 고객이
'배민1' 카테고리에서 주문을 하게 되면 배달의민족 소속 배달 직원이
음식을 픽업하고, 고객에게 바로 배달을 제공하는 '단건 배달'을 내세
운 광고 상품으로써 자영업자에겐 치명적입니다.

쿠팡이츠가 단건 배달을 앞세워 성장하자, 배달의민족도 이번 계
기를 통해 배민1을 앞세워 주문 금액에 따른 수수료 부과 방식의 플
랫폼으로 변화해 갈 것입니다. 배달의민족은 '배민1' 상품 출시와 함
께 배민라이더스 신규 가입을 중단하고, '배민라이더스'와 '번쩍 배달'
카테고리를 '배민1'에 통합하여 운영한다고 밝혔습니다. 즉, 배민라이

더스 소속 배달 기사는 자연스럽게 단건 배달을 처리하는 '배민1' 광고 상품에 대한 배달 기사로 전환됩니다.

기존에 배민라이더스 광고 상품을 이용 중인 사장님은 '배민1' 서비스 오픈 이후에도 현재 수수료 그대로 2022년 6월 30일까지 이용할 수 있습니다.

배달의민족은 '배민1' 광고 상품 활성화를 위해 프로모션을 내걸었습니다. 언제나 새로운 광고 상품이 도입될 때는 이유가 있는 것이며 활성화를 위해 사업주에게는 프로모션, 고객에게는 할인을 제공합니다. 그리고 배민 앱 메인 화면도 개편한다고 밝혔는데 '배민1' 광고 상품 활성화를 위한 것으로 보입니다.

배달의민족이 내세운 프로모션은 세 가지입니다.

첫 번째는 주문 중개 수수료와 주문 건당 배달비를 인하하여 사업주의 가입을 유도합니다. '배민1' 광고 상품 수수료는 주문 중개 수수료 13.2% + 카드 수수료 및 결제망 이용료 3.3% + 주문 건당 배달비 6,600원입니다. 하지만 프로모션 기간에는 주문 중개 수수료 1,100원 + 카드 수수료 및 결제망 이용료 3.3% + 주문 건당 배달비 5,500원으로 진행합니다. 첫 번째 프로모션은 서비스 가입 후 최초 광고 일부터 자동 적용되며, 별도 안내 전까지 프로모션 가격이 자동으로 90일 연장됩니다.

두 번째는 가게당 총 60매의 할인 쿠폰을 지원합니다. 4월 12일부터 사전 계약 또는 지역별 서비스 오픈일로부터 30일 이내에 계약한 가게를 대상으로만 진행합니다. 가게당 3종 할인 쿠폰 총 60매(3,000원 20매, 2000원 20매, 1,000원 20매)를 지원하며, 높은 금액의 할인 쿠폰부터 노출됩니다. 3,000원 할인 쿠폰 20매가 소진되면 2,000원 할인 쿠폰이 노출되는 방식입니다.

세 번째는 울트라콜 광고비 할인(환급)입니다. 2021년 4월 12일부터 사전 계약 또는 지역별 서비스 오픈일로부터 30일 이내 '배민1' 광고 상품을 계약한 사장님 중에서 '배민1'과 울트라콜 상품을 동시에 이용하는 사장님을 대상으로 울트라콜 광고비를 환급해줍니다.

울트라콜 할인(환급) 적용 기간은 90일입니다. 울트라콜 광고비 25%를 환급해주며, 울트라콜 1개당 최대 2만 원을 환급해줍니다. 사장님 1명당 1일 울트라콜 최대 5개까지 일할 계산됩니다.

대다수의 사장님이 '배민1'에 가입할 것입니다. 남들은 다 하는데 본인만 하지 않으면 매출이 떨어질 것 같고 시대의 흐름에 따라가지 못한다고 생각할 수 있습니다. 그러나 '배민1'에 가입하는 순간 장사를 시작한 이유와 멀어집니다. 돈을 벌기 위해서 장사를 시작했으나 매출에만 집중한 결과 매출 대비 이익은 낮아지게 됩니다.

'배민1' 광고 상품을 사용했을 때 이익을 계산해 볼까요?
치킨 한 마리를 20,000원에 판매하고, 고객에게 배달료를 받지 않는다고 가정하면, 실제로 입금되는 금액은 10,100원입니다.

[20,000원(판매금액)-2,640원(주문 중개 수수료 13.2%)-660원(카드 수수료 및 결제망 이용료 3.3%)-6,600원(건당 배달비)]

매출 원가가 40%(8,000원)라고 가정해 본다면, 손에 떨어지는 이익은 2,100원입니다. 여기서 고정비(월세, 공과금, 인건비 등)를 지출하고, 세금(부가가치세, 종합소득세)을 납부하고 남는 금액이 순이익이 됩니다. 가령 고객에게 배달비를 3,000원을 받더라도 고정비와 세금을 제하기 전 이익이 5,100원밖에 되지 않습니다.

정확한 이익을 계산해 보고 프로모션 기간에만 사용해 볼 수도 있습니다. 프로모션 기간이 끝난 후에도 아무런 대책 없이 사용하는 경우 밑 빠진 독에 물 붓기가 될 수 있습니다.

'배민1'이 내세운 단건 배달을 가게 자체적으로 내세워 고객 이탈을 막고, '배민1'을 사용하더라도 이익을 떨어트리지 않고 사용하거나 '배민1'을 가입하지 않고 가게를 유지해야 합니다. 이런 방법들이 쉽지 않으리라 느껴지지만 아주 간단한 해답이 있습니다. '배민1'에 가입하여 매출을 늘리기 위한 고민을 할 시간에 가게 내부에 문제점은 없는지, 어떻게 고객을 만족시키고 감동을 줄 것인지 고민하면 됩니다.

'배민1' 주문 중개 수수료 13.2%, 건당 배달비 6,600원이 부담된다면, 배달비 6,600원을 모두 고객이 부담하더라도 주문할 수 있는 가게를 만들고 판매 금액을 높이면 됩니다. 이게 가능한 일이냐고 생각하는 사장님이 대다수입니다. 그렇게 생각하는 이유는 명확합니다. 한 번도 시도해 보지 않았고 고객이 감동할 만한 음식을 팔고 있지 않아서입니다. 더불어 투자된 돈이 크기 때문입니다. 고객이 감동할 수 있는 음식을 만들기 위해 시간을 투자해서 고민하고 가게만의 특별한 가치를 입히면 되지만, 대다수 가게가 매출에만 집중하기 바쁩니다. 그리고 남들과 다르게 장사하는 것이 두렵기 때문입니다.

장사를 시작한 이유에 대해 다시 한번 고민해 보고 초심을 잃지 않는 사장님이 되길 바랍니다.

신규 배지 노출 기간에
고객을 확보하라

배달의민족 앱에서 가게를 둘러보다 보면 가게 상호 옆에 신규 배지가 있는 것을 확인할 수 있습니다.

2020년 4월 1일 이전에는 명칭이 신규 아이콘 상품이었으며 매월

22,000원을 상품 사용료로 지불해야 신규 아이콘이 노출되었습니다. 즉, 울트라콜 상품을 10개 가입하고 10개의 울트라콜에 모두 신규 아이콘을 적용시키려면 매월 220,000원을 상품 이용료로 지불해야 했습니다.

하지만 2020년 4월 1일부터는 신규 배지로 명칭이 변

경됨과 동시에 별도의 신청 없이 가게의 최초 광고 시작일이 90일 이내인 모든 가게에 자동으로 신규 배지가 무료로 노출됩니다.

신규 배지 적용 예시를 표를 통해 쉽게 알아보겠습니다.

사업자 번호	상호	최초 광고 시작일	신규 배지 노출 여부 및 기간
123-△△-67890	배민치킨	2021년 4월 1일	2021년 4월 1일부터 90일간
123-△△-67890	배민피자	2021년 5월 1일	2021년 5월 1일부터 90일간
123-△△-67890	배민커피	2021년 8월 1일	2021년 8월 1일부터 90일간

고객의 관점에서는 일반 가게보다 신규 배지가 있는 가게가 더 눈에 띌 수 있습니다. 그러므로 신규 배지가 노출되는 90일 동안 사장님은 본질에 집중하여 신규 고객을 단골 고객으로 확보하는 것이 매우 중요합니다.

'바로 결제'와
'만나서 결제'를
알아야 한다

 고객이 배달의민족 앱으로 음

식을 주문할 때 세 가지 방법이 있습니다.

첫 번째는 배달의민족 앱으로 가게와 메뉴를 보고 전화로 주문하는 방식입니다. 이 경우 주문이 성사되었는지 배달의민족 측에서는 알 수 없습니다. 무슨 메뉴를 주문하였는지, 주문 금액은 얼마인지 알 수 없기에 주문 중개 수수료, 외부 결제 수수료가 발생하지 않습니다.

두 번째는 배달의민족 앱으로 가게와 메뉴를 보고 앱 안에서 주문과 결제를 하는 방식입니다. 이것을 '바로 결제'라고 합니다. 이 경우 배달의민족은 고객이 어떤 메뉴를 주문했는지와 바로 결제 금액이 얼마인지 알 수 있습니다. 고객이 오픈 리스트를 통해 주문했다면 오픈 리스트 수수료(7.48%)와 외부 결제 수수료(3.3%)가 발생합니다.

세 번째는 배달의민족 앱으로 가게와 메뉴를 보고 앱으로 주문을 하고 결제는 음식을 수령할 때 하는 것입니다. 이것을 '만나서 결제'라고 합니다. 만나서 결제 방식은 두 가지인데, 만나서 현금과 만나서 카드 결제가 있습니다. 이 경우에도 배달의민족은 고객이 어떤 메뉴를 주문했는지, 만나서 결제 금액이 얼마인지 알 수 있습니다. 고객이 오픈 리스트를 통해 만나서 결제로 주문했다면 오픈 리스트 수수료(7.48%)는 발생하지만 외부 결제 수수료는 발생하지 않습니다.

결제 방식과 수수료 발생 여부를 아래 표를 통해 쉽게 살펴보겠습니다.

(부가세 포함)

구 분	울트라콜 주문 시	오픈 리스트 주문 시	외부 결제
전화 주문	×	×	×
바로 결제	없음	O (7.48%)	O (3.3%)
만나서 결제	없음	O (7.48%)	×

관리 회계 측면에서 바라보면 사장님 입장에서는 고객의 전화 주문이 1순위로 좋으며, 울트라콜을 통해 만나서 결제를 하는 것이 2순위로 좋습니다. 그리고 오픈 리스트를 통해 바로 결제 주문이 들어오는 것이 수수료가 제일 많이 발생합니다.

배달의민족을 통해 똑같은 메뉴를 판매하더라도 배달의민족 주문 방식과 결제 방식에 따라 영업 이익이 달라진다는 것을 알 수 있습니다. 관리 회계 측면에서 오픈 리스트 수수료가 88,000원(울트라콜 월 광고비)을 초과한다면 오픈 리스트 광고 상품을 유지해야 하는지 고민할 필요가 있습니다.

외부 결제 수수료의 함정

 고객이 바로 결제를 통해 주문

하면 외부 결제 수수료가 발생합니다.

외부 결제 수수료는 바로 결제가 결제 대행업체를 통해 결제되기 때문에 발생하는 수수료로 주문 금액의 3.3%(부가세 포함)입니다. 하지만 매출 규모에 따라 우대 수수료가 적용됩니다.

매출 규모에 따른 우대 수수료를 표를 통해 한눈에 쉽게 알아보겠습니다.

구분	매출액	우대 수수료 (부가세 포함)	적용 수수료 (부가세 포함)
영세	3억 이하	-1.32%	1.98%
중소	3억 초과 5억 이하 5억 초과 10억 이하 10억 초과 30억 이하	-0.77% -0.66% -0.44%	2.53% 2.64% 2.86%
일반	30억 초과, 신규 사업자	×	3.3%

매출 규모 분류는 국세청에 신고된 1년간의 매출액 기준으로 선정되고 있으며 매해 1월 31일과 7월 31일에 업데이트됩니다. 사장님이 신규 사업자로 발급받아 연 매출액이 3억 원 이하더라도 바로 우대 수수료가 적용되지 않기 때문에 외부 결제 수수료는 3.3%(부가세 포함)가 적용됩니다.

사장님의 배달의민족 바로 결제 매출이 한 달간 2,000만 원이라면 외부 결제 수수료는 660,000원입니다.

[바로 결제 매출 × 외부 결제 수수료 3.3% = 외부 결제 수수료]

[20,000,000원 × 3.3% = 660,000원]

사장님이 영세 사업자로 분류된 경우에는 우대 수수료 1.32%를 적용받아 외부 결제 수수료는 396,000원입니다.

[바로 결제 매출 × 외부 결제 수수료 1.98% = 외부 결제 수수료]

[20,000,000원 ×1.98% = 396,000원]

고객이 바로 결제를 통해서 주문하였는데 과연 사장님의 매출 규모에 따라 우대 수수료가 모두 석용되었을까요? 배달의민족에서는 사장님의 매출 규모에 따라 최소 0.4%에서 최대 1.2%를 적용하는 것처럼 보여지지만 바로 결제 결제 수단에 따라 우대 수수료가 미적용되는 결제 수단이 있습니다.

표를 통해 바로 결제 수단은 어떤 것이 있으며 결제 수단별 우대 수수료 적용 여부를 살펴보겠습니다.

구분		배달의민족	배민1/배민라이더스
바로 결제	카드 결제	O	O
	배민페이(카드 결제)	O	O
	네이버페이(카드 결제)	O	O
	카카오페이(카드 결제)	O	O
	배민페이(계좌 이체)	X	X
	네이버페이(계좌 이체)	X	X
	카카오페이(계좌 이체)	X	X
	토스	X	X
	휴대폰 결제	X	X
만나서 결제	만나서 카드 결제	X	O
	만나서 현금 결제	X	X

고객이 바로 결제를 하더라도 광고 상품과 결제 수단에 따라 매출 규모 분류에 따른 우대 수수료가 적용되지 않을 수도 있습니다. 즉, 위 표에 따라 우대 수수료가 적용되지 않는 결제 수단으로 고객이 바로 결제를 하는 경우 외부 결제 수수료는 무조건 3.3%(부가세 포함) 입니다.

배달의민족
정산 방식

 배달의민족 앱을 통해 고객들

이 바로 결제를 하게 되면 사장님은 음식을 고객에게 전해주고도 바

로 음식값을 받지 못합니다. 손님이 사장님께 결제를 하지 않고 배달

의민족 결제 대행사를 통해 결제를 했기 때문입니다.

그래서 바로 결제를 통한 주문 금액은 배달의민족에서 사장님에게

돈을 입금하는 방식입니다. 영업일 기준으로 거래 건의 4일 이후(공휴

일 제외) 정산되어 사장님 통장으로 지급됩니다.

거래일 및 요일	지급일
7월 1일 월요일	7월 5일 금요일
7월 2일 화요일	7월 8일 월요일
7월 3일 수요일	7월 9일 화요일
7월 4일 목요일	7월 10일 수요일
7월 5일 금요일~7월 7일 일요일	7월 11일 목요일

정산 내역은 배민 사장님 광장 – 셀프서비스 – 정산 내역을 통해 확인할 수 있으며 정산 명세서를 이메일을 통해 받아 볼 수도 있습니다.

사장님이 헷갈려하는 정산 용어에 대한 설명을 다음 페이지에 표로 정리해 보았습니다.

간혹 연휴가 길 경우 가게 운영에 도움을 주고자 정상적인 입금일보다 하루 또는 이틀 빨리 입금해주기도 합니다.

연휴가 길 경우 배달의민족 공지사항을 통해 정산 금액 입금 일정이 조정되었는지 확인해 보세요.

배달의민족 정산 관련 용어 풀이

용어	뜻
입금일	사장님의 통장에 입금되는 날
정산 대상 기간	주문이 발생한 기간
이용 서비스	주문이 발생한 경로(예:배달의민족 또는 배민 포장 주문)
소액 주문비	고객이 소액 주문 시 부담하도록 사장님이 설정한 금액
주문 금액	고객이 주문한 음식값
배민 배달 팁	고객으로부터 받은 배달 팁
사장님 부담 쿠폰(혜택 쿠폰)	사장님 또는 프랜차이즈 본사가 고객에게 주는 할인 금액
포장 할인	고객이 포장 주문한 경우 사장님이 설정한 할인 금액
카드 수수료 및 결제 이용료	카드, 휴대폰 소액 결제, 네이버페이, 카카오페이 등 결제 수단 이용으로 발생하는 수수료
주문 중개 이용료	배민1, 오픈 리스트를 이용하면서 발생한 중개 이용료(매출 금액에서 배달 팁과 고객 할인 비용을 뺀 금액에서 상품별 수수료율을 곱해서 계산)
배민라이더스 서비스 이용료	배민라이더스 서비스 이용료로 배달에 대한 비용이 포함
배달비	배민1 서비스의 배달 이용료
만나서 결제 금액	만나서 결제로 받은 주문 금액과 배달 팁을 합한 금액(배민라이더스, 배민1 서비스의 만나서 결제 금액은 매출 금액에 포함)
조정 금액	다양한 이유로 입금받을 금액 중 조정이 생긴 금액
입금 금액	실제 사장님에게 입금되는 금액

리뷰 이벤트라는 독

 리뷰 이벤트는 고객들을 유치하기 위한 목적과 가게 평점, 찜 등 가게 평판을 위해 기획한 이벤트입니다. 고객이 터치 주문을 통해 음식을 주문하면 해당 가게에 리뷰를 작성할 수 있는 권한이 부여됩니다. 그래서 서비스를 드릴 테니 좋은 평점과 보기 좋은 리뷰를 작성해달라는 암묵적인 의미가 담긴 이벤트입니다.

실제로 대다수의 가게가 리뷰 이벤트를 하고 있습니다. 그래서 리뷰 이벤트를 하지 않으면 다른 가게에 비해 경쟁력이 떨어진다고 생각하여 가게 오픈과 동시에 리뷰 이벤트를 시작합니다. 거기에 더불어 평범한 서비스가 아닌 특별한 서비스를 주기 위해 사장님들은 고민하고 있습니다.

그 결과 가게 리뷰란에 사장님 공지를 작성해서 공지 내용을 최상단에 고정시킵니다.

사장님 공지를 통해 리뷰 이벤트 참여 방법, 서비스 품목들을 사진 또는 글을 통해 고객에게 보여주고 있습니다. 글보다는 사진 한두 장으로 표현하는 것이 고객이 한눈에 보기 편해 사진으로 등록하는 가게가 많습니다.

사진으로 리뷰 이벤트 참여 방법과 서비스 품목을 작성한 예시입니다.

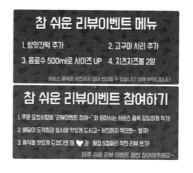

다음으로 글을 통해 리뷰 이벤트 참여 방법과 서비스 품목을 작성한 예시입니다.

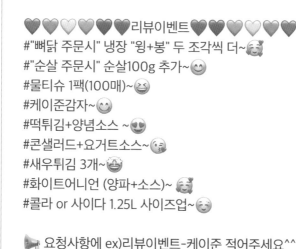

리뷰 이벤트가 자연스러워지면서 리뷰 이벤트를 하지 않는 가게를 찾기가 더 어렵습니다.

고객의 입장에서는 할인을 해주고, 서비스를 주는 가게들을 찾습니다. 하지만 한 번 주기 시작하면 끝도 없이 계속 줘야 합니다.

그러나 고객이 리뷰 이벤트에 참여한다고 서비스를 달라고 요청해서 보내줬더라도 실제로 고객의 리뷰 작성 여부를 확인할 수 있는 방법은 없습니다.

오히려 서비스를 받고도 "서비스가 너무 맛없어요.", "리뷰 이벤트 참여했는데 서비스가 안 왔어요." 등 메인 메뉴가 아닌 리뷰 서비스 때문에 안 좋은 리뷰를 작성하고 평점을 낮게 주는 고객들도 있고, 서비스를 받았음에도 불구하고 안 왔다고 다시 보내달라는 경우도 있습니다.

사장님은 고객을 위해 장사를 하나요?

리뷰가 많다고 무조건 장사가 잘될까요?

리뷰 내용이 좋다고 무조건 장사가 잘될까요?

리뷰 평점이 좋다고 무조건 장사가 잘될까요?

다 그런 것은 아니지만 진상 고객을 만나면 할인을 해주고, 서비스를 주고도 욕을 먹습니다. 고객을 위해 장사를 하기 때문에 안 해도 될 고민을 하고 없는 스트레스가 생깁니다.

사장님 자신을 위해 장사해야 오래가고 즐겁습니다. 리뷰 이벤트가 아닌 본질에 집중해야 일하는 것이 행복합니다.

정상까지 가는데 시간이 좀 더 걸릴지는 몰라도 탄탄하게 정상에 도착한 사장님의 순이익과 일의 강도, 행복 지수는 그 누구도 따라올 수 없습니다.

리뷰 이벤트를 고민할 시간에 본질에 대해 고민하고 시간을 투자하는 것이 올바른 방법입니다. 본질에 대해 이해하고 집중해서 사장님을 위한 가게를 만들면 일이 행복합니다. 그런 사장님이 되기를 응원합니다.

혜택 관리를 통한
할인 제공

 배달의민족을 사용하는 사장님이라면 혜택 관리를 통해 고객에게 할인을 제공할 수 있습니다. 혜택 관리는 배민 사장님 광장 - 셀프서비스 - 혜택 관리를 통해 직접 설정할 수 있습니다.

혜택 제공은 배달과 배민 오더로 나눠져 있어 사장님이 원하는 주문(배달 또는 포장 주문)에만 혜택을 제공할 수 있습니다. 그리고 배달과 배민오더 주문에 대한 혜택을 동일하게 적용할 수도 있습니다.

그리고 혜택 이름을 사장님이 기억하기 쉽게 작성할 수 있습니다. 이때 작성한 혜택 이름은 사장님만 볼 수 있고 고객에게는 노출되지 않습니다.

혜택 노출 기간은 혜택을 설정하는 날을 기준으로 1개월 이내에서 노출 날짜를 선택할 수 있으며 최소 7일에서 최대 1년까지 설정할 수 있습니다. 그리고 사장님이 원할 때 언제든 혜택을 삭제할 수도 있습니다.

할인 쿠폰은 주문 금액에 따라 최대 3개까지 할인 금액을 설정할 수 있습니다. 주문 금액은 100,000원까지 설정할 수 있으며 할인 금액은 최소 1,000원에서 10,000원까지 500원 단위로 지정할 수 있습니다.

예를 들면 20,000원 이상 주문 시 1,000원 할인, 50,000원 이상 주문 시 5,500원 할인, 100,000원 이상 주문 시 10,000원 할인 같은 식으로 조정할 수 있습니다.

쿠폰 유효 기간은 발급일 포함 14일, 발급일 포함 30일 중에 사장님이 선택할 수 있습니다.

혜택을 등록하면 아래 화면처럼 고객에게 보입니다.

고객이 가게를 클릭해서 들어가기 전에 가게의 쿠폰 여부를 볼 수 있습니다.

쿠폰의 사용 조건과 금액은 가게를 클릭해야만 확인이 가능합니다.

이런 혜택 관리를 통해 할인을 제공하기 위해서는 관리 회계를 알아야 합니다. 관리 회계를 알지 못하고 무턱대고 할인을 제공한다면 매출은 늘어나더라도 손실

이 발생할 수도 있습니다. 즉, 장시간 일하여 매출이 많이 발생할지 언정 실제 벌어가는 돈은 최저 임금에도 못 미칠 수도 있는 것입니다.

관리 회계를 알고 할인을 제공하면 사장님이 생각하는 예상 이익에 대해 시뮬레이션을 통해 미리 파악할 수 있습니다. 그리고 할인 금액에 따라 사장님의 이익이 얼마나 줄어드는지 알 수 있어 적자가 발생하는 데도 불구하고 할인 금액을 설정하는 사태를 미연에 방지하는 것이 가능합니다.

배민상회의
올바른 활용

 배달의민족은 배달 주문 중개 뿐만 아니라 배민상회라는 쇼핑몰을 운영하고 있습니다.

배민상회는 배민 사장님 광장을 통해 접속할 수 있습니다.

배민상회에는 가공식품, 농수축산물, 배달용품 등 가게에서 전반적으로 필요한 것들이 모두 있습니다. 등록되어 있는 상품들이 너무 많기 때문에 사장님이 필요한 물건을 찾기가 어려울 수도 있습니다. 홈페이지에 접속한 후 상품 검색을 이용하여 쉽고 빠르게 필요한 물

건들을 찾으면 됩니다.

그리고 배민상회에서 첫 구매 시 할인과 더불어 매달 정기 쿠폰을 제공하고 있으니 쿠폰함을 잘 확인해서 저렴한 가격으로 가게에 필요한 것들을 구매하기 바랍니다.

기본 배송비는 상품별 배송비가 따로 부과되는 경우와 제주 및 도서 산간 지역이 아닌 경우에는 3만 원 이상 주문 시 무료 배송입니다.

구매할 물건의 품질에 대한 확신이 서지 않는다면 샘플 신청을 통해 물건을 받아 보고 구매 결정을 하는 방법도 있습니다.

샘플 신청은 배송료도 무료이며 한 달에 한 번 신청 가능합니다. 최대 10개까지 신청할 수 있으며 15시 이전 신청 건에 대해서는 당일 발송까지 됩니다. 샘플이 필요 없는 사장님이라도 예를 들어 반찬통, 일회용 수저 등 사장님이 구매하기 애매했던 것들이나 가정에 필요한 것들을 한 달에 한 번 최대 10개까지 샘플로 받아 사용하는 것도 매우 바람직합니다.

배민상회 고객센터는 배달의민족 고객센터와는 별개로 운영되고 있습니다. 배민상회 고객센터 전화번호는 1600 - 4949이며 평일 9시부터 19시까지 운영되고 주말은 휴무입니다.

배민상회 사용 금액, 사용도가 배달의민족 맛집 랭킹 선정 기준에 영향을 미치는지는 정확하게 알 수 있는 방법이 없으나 영향을 미치지 않는다고 단정 지을 수도 없습니다.

배달의민족은 맛집 랭킹 선정 기준을 리뷰 수, 주문 수, 그 외 다양한 데이터라고만 말해주고 있습니다.

3

배달의민족
200% 활용법

기본편

배달의민족
기본 활용 백서

배달의민족이라는 앱을 통해 고객에게 사장님의 가게가 보입니다. 사장님의 가게가 고객에게 어떻게 보이는지에 따라 주문과 연결될 수 있습니다. 그러므로 사장님의 가게에 대해 진정성 있는 글과 사진으로 설명해야 합니다.

첫 번째로 배민 사장님 광장 – 셀프서비스 – 가게 관리 – 기본 정보를 통해 가게 소개 글을 작성할 수 있습니다. 어렵게 생각하지 말고 사장님의 가게를 소개하면 됩니다. 어떻게 가게 소개 글을 작성해야 될지 모르겠다면 다른 가게를 많이 둘러보고 벤치마킹하기 바랍니다. 고객이 사장님의 가게 소개 글을 보고 주문으로까지 이어질 수 있도록 진정성 있게 작성하면 됩니다.

두 번째로 배민 사장님 광장 – 셀프서비스 – 메뉴 관리 – 주문 안내·원산지를 통해 안내 및 혜택과 원산지를 작성할 수 있습니다. 주문 안내 문구는 메뉴보다 상단에 노출되고 있어 고객에게 첫 번째로 보입니다. 그러므로 고객이 주문하는 데 도움이 될 수 있는 문구와 가게의 장점들을 작성하여 주문과 이어질 수 있도록 고객의 입장에서 생각하면 됩니다.

세 번째로 배민 사장님 광장 – 셀프서비스 – 공지/한마디를 통해 사장님 공지와 사장님 한마디를 작성할 수 있습니다. 사장님 공지는 배달의민족 앱 리뷰 영역 최상단에 고정 노출됩니다.

그러므로 사장님 공지는 중요한 내용을 작성해 고정시켜 놓으면 좋습니다.

사장님 한마디는 사장님 공지와 최근 6개월 리뷰 현황 다음에 노출됩니다. 사장님 공지와 한마디에는 각각 3장의 사진을 등록할 수 있습니다. 글로 표현하기 힘든 부분이나 중요한 포인트는 고객이 한눈에 알 수 있게 사진으로 표현하는 방법도 있습니다. 사장님 한마디는 매일매일 작성하는 것이 좋습니다. 메뉴에 대한 설명 또는 가게의 장점, 우천 시 배달 지연 양해, 주문 팁, 신메뉴 홍보, 특별한 이벤트 등 매일 새로운 것들을 고객에게 알려주면 도움이 됩니다.

고객에게 사장님 가게에 대해 글과 사진으로 설명할 수 있는 공간이므로 이 정도는 기본적으로 잘 활용해야 합니다.

첫 창업이라면 주소지를 전국적으로 다양하게 검색하여 다른 가게는 어떤 방식으로 설명하고 있는지 많이 둘러보고 읽어 보는 것이 좋습니다. 그리고 억지로 고객에게 잘 보이기 위해 허위로 글을 작성하기보다는 사장님의 진정성 있는 글을 통해 고객의 마음을 얻기를 바랍니다.

수수료와 광고비를 내고 배달의민족을 통해 장사를 하는 사장님이라면 배달의민족을 잘 활용할 줄 알아야 합니다. 배달의민족 앱을 통해 사장님의 가게를 알리기 위한 방법을 모두 이용해야만 같은 조건 하에서 다른 가게와의 차별성을 만들어낼 수 있습니다.

배민 앱 상단
공지사항을 주목하라

 배민 앱을 실행하면 상단에 공

지사항 화면들이 노출되며, 고객을 대상으로 하는 배달의민족 홍보

또는 이벤트가 공지됩니다.

이러한 이벤트들은 배달의민족이 다른 배달 앱과의 경쟁에서 이

기기 위해 고객들을 대상으로 실시하는 것입니다. 이벤트를 통해 고

객이 배달의민족을 선택하게 만들고, 또 지속적으로 사용하게 만드

는 것이 목적입니다. 그래서 사장님의 의견이나 입장은 생각하지 않

고 단독적으로 이벤트를 진행하는 것입니다.

특히 특정한 날에(복날에 치킨집 할인, 수능 기간에 대학생 할인, 프랜차이즈 요일별

할인 등) 할인 행사를 진행하는 경우가 있습니다.

매달 진행되는 프랜차이즈 요일별 할인은 배달의민족과 프랜차이

즈 본사와 협약하여 진행하기에 점주님의 부담이 있을 수도 있습니

다. 프랜차이즈의 장점이자 단점입니다.

이렇게 각종 할인이 진행되는 날에는 평소보다 바쁠 가능성이 높

아집니다. 그래서 충분한 인원 세팅과 재료를 준비해 놓을 필요가 있습니다.

　배달의민족에서 단독으로 진행하는 할인 행사이기 때문에 사장님은 피해를 받지 않도록 철저히 대비하여 잘 활용하기만 하면 됩니다. 그러므로 배달의민족에서 공지하는 할인 행사 등 공지사항을 주의 깊게 살펴볼 필요가 있습니다. 그리고 고객에게 전달하는 공지사항을 통해 배달의민족이 추구하는 방향도 추측해 볼 수 있습니다.

　배달의민족에서 단독으로 주최하는 할인 행사 때문에 너무 많은 주문이 단시간에 몰릴 경우 사장님이 시간당 소화할 수 있는 주문 수를 초과할 우려가 있습니다. 그 결과 의도치 않게 평소와 달리 맛과 여러 서비스가 잘 제공되지 않을 수 있는 것입니다. 배달의민족이 진행하는 이벤트가 오히려 사장님에게 독이 될 수도 있는 것입니다. 단지 평소보다 주문이 많이 들어온다고 좋아할 일이 아니라는 얘기입니다. 그런 가게는 꾸준하지 못하고 그리 오래가지 못할 가능성이 큽니다. 준비가 되어 있지 않다면 오히려 기존에 열심히 쌓아 왔던 단골 고객마저 놓칠 수 있습니다.

　그래서 할인 행사가 있는 날을 사전에 체크하여 충분한 준비를 통해 많은 주문량에 대비하고 불가피한 상황에는 꼭 임시 운영 중지를 통해 사장님의 가게를 보호하기 바랍니다.

많이 파는 것이 중요한 것이 아니라 제대로 파는 것이 중요합니다. 이를 꼭 숙지하고 소화할 수 있는 주문량만 받는 사장님이 오래갈 수 있습니다.

일시적인 매출이 아닌 사장님의 음식에 집중하면 고객은 자연스레 늘어날 것입니다. 잠시의 행복을 위해 미래의 행복을 놓치는 어리석은 사장님이 되지 않기를 바랍니다.

배달의민족
고객센터 활용 팁

 배달의민족 고객센터는 24시
간 운영됩니다.

최근에는 배달의민족 사장님 광장 – 셀프서비스를 통해 메뉴 관리,
메뉴 품절, 광고 관리, 광고 신청 등 많은 업무들을 직접 할 수 있도록
되었습니다. 그럼에도 불구하고 고객센터에 전화해서 물어봐야 할
것들과 직접 수정이 불가능한 것들이 있습니다.

그래서 배달의민족 고객센터 상담사에게 사장님의 생각을 전달
하고 이해하도록 설명해야 합니다. 하지만 고객센터에서 근무하는
상담사들도 사람이기 때문에 100% 정확할 수 없습니다. 사장님이
궁금한 것을 해결하고자 고객센터에 전화했음에도 불구하고 상담
직원이 이해를 못하는 경우가 빈번합니다. 그리고 정확한 답변을
얻지 못할 수도 있습니다.

상담사들이 가게 운영을 직접 해 보지 않았기 때문에 사장님이 전
달하고자 하는 뜻을 이해하지 못하는 것입니다. 실제 고객센터에 연

락을 해 보신 사장님들 중에는 더러 경험해 보신 분도 있으리라 짐작합니다. 한술 더 떠 배달의민족 앱 서버 마비, 오류가 발생해 고객센터와 통화 연결 자체가 힘든 경우도 있습니다.

　고객센터에 전화해서 궁금한 것을 물어보고 문제를 해결할 때나 수정요청을 할 때 숙련된 상담 직원이 전화를 받는 것이 최고입니다.
　간혹 근무한 지 얼마 되지 않은 초보 상담 직원이 전화를 받았다고 판단이 된다면 그에게서 답을 얻거나 문제점을 해결하기 위해 애쓰기보다는 오히려 빨리 전화를 끊고 다시 전화해서 다른 상담 직원과 통화를 하는 것이 더 나을 수도 있습니다. 상담 직원이 이해를 잘 못하거나 적절한 답변을 알지 못할 경우에는 항상 이렇게 말합니다.
　"상사분께 여쭤봤지만 저희가 말씀드릴 수 있는 부분은 여기까지입니다."
　기본적인 질문, 궁금한 점이 아닌 사장님의 질문 자체가 어렵고 이해가 잘 안 되면 나서서 해결해 주기보다는 오히려 다른 공공기관에 전화해서 답을 찾으라고 합니다. 문제가 된 것은 배달의민족이고 그 답 역시 배달의민족에 있는데도 말이죠.
　그리고 상담 직원을 통해 가게의 메뉴, 정보 등을 수정했다면 제대로 수정이 되었는지 앱을 통해 직접 확인하는 것은 필수입니다. 상담 직원은 사장님의 의도와 뜻을 100% 이해했다 여기고 수정을 진행하더라도 사장님이 생각하고 원하는 것과는 전혀 다르게 수정되어 있는 경우를 빈번하게 볼 수 있습니다. 그러면 어쩔 수 없이 다시 전화해서 똑같은 말을 하면서 시간을 낭비해야 합니다. 제일 좋은 것은 숙달된 상담 직원이 전화 받기를 기대하는 것뿐일 수도 있습니다. 그들에게도 개인차와 우열은 존재하기 때문입니다.

Q 배달의민족 고객센터에 전화해서 메뉴 수정과 가게 정보 수정 요청을 했습니다. 그런데 제가 요청한 내용과 다르게 수정이 되어 가게 운영에 차질이 생겼습니다. 이런 경우 배달의민족에서 책임을 지고 보상을 해주나요?

A 사장님이 전달한 요청 사항이 제대로 반영되지 않아 가게 운영에 문제가 생겼다 하더라도 배달의민족은 책임지지 않습니다. 상담사는 항상 전화를 끊기 전에 요청하신 내용이 제대로 수정이 되었는지 5분 뒤에 꼭 확인해 보라고 사장님께 말합니다. 그리고 상담사가 즉시 처리해줄 수 없는 부분은 담당 부서에서 처리 가능한 부분이므로 며칠 뒤에 꼭 사장님이 확인을 해 보라고 말합니다. 그렇기 때문에 요청한 내용이 잘 반영되었는지 꼭 확인하고 제대로 되지 않았다면 다시 수정 요청을 해야 합니다.

맛집 랭킹의
활용과 대비

 배달의민족 앱을 실행하면 맛

집 랭킹이라는 카테고리가 있습니다. 맛집 랭킹 카테고리에는 카테

고리별로 1위부터 20위까지 순위의 가게가 노출됩니다.

배달의민족에서 말하는 맛집 랭킹 선정 기준은 대표적으로 가게

주문 수, 리뷰 수, 그 외 다양한 데이터입니다. 그 외의 다양한 데이터

에 대해서는 배달의민족 고객센터, 담당 매니저에게 물어봐도 알려

주지 않습니다. 저는 그 외의 다양한 데이터를 사장님 리뷰 답글 수,

주문 취소율, 리뷰 평점, 할인 쿠폰 발행 여부 등이라고 추측합니다.

실제로 사장님 리뷰 답글 수는 맛집 랭킹 순위에 많은 영향을 미친다

는 것을 실제 경험으로 느껴 보기도 했습니다.

어쩌면 배민상회의 이용 횟수나 이용 금액도 다양한 데이터에 포

함될 수 있습니다. 그리고 맛집 랭킹 업데이트 시간은 매주 수요일 오

전 5~6시이며, 업데이트에 반영되는 기준 날짜 및 시간은 수요일 오

전 6시부터 다음주 수요일 오전 5시입니다. 쉽게 말해 맛집 랭킹이

업데이트 되는 시간을 제외한 일주일이 업데이트에 반영되는 기간입니다.

맛집 랭킹 내에 노출되는 가게는 고객이 설정한 주소에서 2km 반경 내에 위치하고 있는 가게입니다. 그래서 고객이 설정한 주소지에 따라 맛집 랭킹 순위가 변동되어 나타나는 것을 볼 수 있습니다.

많은 고객이 무엇을 먹을지 고민하고 검증된 가게를 찾기 위해 맛집 랭킹을 보고 주문을 합니다. 예를 들어 A라는 고객이 친구 집에 놀러 왔습니다. 배달 음식을 시켜 먹으려고 하는데 처음 온 동네라 어느 가게가 맛있고 믿을 수 있는지 모릅니다. 그래서 맛집 랭킹을 기준으로 주문을 하는 경우가 많습니다. 저 또한 잘 모르는 동네에서 배달 음식을 주문할 때에는 맛집 랭킹을 보고 주문합니다. 하지만 맛집 랭킹 1~3위 정도만 혜택을 많이 보고 순위가 내려가면 내려갈수록 효과를 보기 힘듭니다.

맛집 랭킹은 돈을 들이지 않고 사장님 가게를 고객에게 홍보할 수 있는 좋은 공간입니다. 그래서 맛집 랭킹을 잘 활용하는 것은 아주 좋은 방법입니다.

맛집 랭킹에 진입하기 위해서 배달의민족에 돈을 투자해야 하는 것은 아닙니다. 사장님의 노력과 정성으로 고객을 확보한다면 자연스레 맛집 랭킹 순위권에 들어갈 수 있습니다. 경쟁을 통해서 더 뛰어난 가게라는 것을 입증하는 것은 상당히 어렵지만 조금만 다르게 접근하면 대단히 어려운 일도 아닙니다.

현재는 맛집 랭킹으로 주문이 들어오면 오픈 리스트처럼 수수료가 부과되지는 않습니다. 하지만 배달의민족의 지금까지의 추이를 생각해 본다면 추후에는 맛집 랭킹에서 주문이 발생하는 경우 수수료를 부과할 수 있도록 변경될 수도 있습니다. 사장님이 열심히 쌓아 놓은 노력을 배달의민족이 한순간에 물거품으로 만들 수도 있다는 얘깁니다. 현재는 맛집 랭킹을 좋은 홍보 방법으로 활용할 수 있지만 배달의민족 정책 변경과 함께 오히려 득보다는 실이 될 수도 있습니다. 맛집 랭킹으로 발생한 주문에 대해서 수수료를 부과하는 시점 전까지 맛집 랭킹을 잘 활용하고, 미리 그 시기에 대비해야 합니다. 준비하지 않으면 또 배달의민족에게 이끌려 다닐 수밖에 없습니다.

누차 강조하지만 배달의민족이라는 비본질적인 것에 집중하지 마시고 본질적인 가게 음식, 청결, 서비스, 단일 메뉴 등에 집중하여 배달의민족이 변하더라도 사장님은 흔들리지 않는 가게를 운영하고 있어야 합니다. 그것이 진짜 맛집 랭킹 안에 드는 가장 쉽고 빠른 길이자 미래를 대비하는 방법입니다.

리뷰 관리 노하우

 장사가 잘되는 가게는 매일매일 수십 개의 리뷰가 작성되는 반면 열 개의 리뷰도 올라오지 않는 가게가 있습니다. 리뷰는 작성되는 개수와 상관없이 매일 확인하고 답글을 달아줘야 합니다.

배달의민족 리뷰란은 고객과 사장님이 소통할 수 있는 유일한 공간입니다.

궁금한 점을 리뷰에 남겼는데 답변이 없다면 사장님의 가게는 어떤 가게로 기억에 남을까요?

말을 걸었는데 질문 내용과 전혀 다른 대답을 하는 사장님을 바라보는 고객은 무슨 생각을 할까요?

리뷰 답글은 리뷰가 올라오는 즉시 시간이 되는대로 바로 답변을 해주는 것이 가장 인상적입니다. 그리고 고객이 작성한 리뷰의 의도를 정확하게 파악하고 그에 맞는 답을 남겨야 합니다.

리뷰 답글이 늦으면 늦을수록 고객은 사장님의 답변 내용과 상관없이 이제야 답글을 남겼다고 반감이 생길 수 있습니다. 그러므로 가게를 위해서라도 사장님은 고객과 매일매일 소통해야 합니다. 그런데 항상 같은 형식의 문구를 붙여 넣는 답글을 종종 볼 수 있습니다. 누가 봐도 리뷰 답글이 매번 똑같은 경우 사장님의 가게 이미지를 좋게 생각할 수는 없습니다.

리뷰는 매일 확인하지만 답글은 어느 날 하루에 몰아서 작성하는 사장님도 있습니다. 리뷰는 가급적 확인과 동시에 답글을 작성해야 합니다. 또한, 고객이 작성한 리뷰 의도와는 다른 동문서답의 답글은 사장님의 정성이 부족해 보이고 무성의한 가게로 보일 수 있습니다.

초등학교 때 책을 읽고 독후감을 쓰는 느낌처럼 고객의 말 한마디 한마디에 사장님의 생각을 적어주면 좋습니다. 그리고 고객이 문제점을 지적하면 문제가 발생한 근본적인 원인부터 해결책들을 상세히 설명해주는 것이 바람직합니다. 그렇다고 고객에게 휘둘리라는 말은 아닙니다.

예를 들어 들어줄 수 없는 요구사항은 그렇게 하지 못하는 본질적인 이유와 부연 설명들을 친절하고 상세하게 알려줍니다. 없는 메뉴의 추가나 맛에 관한 요구는 그럴 수 없는 근본적인 이유를 설명해주면 됩니다.

간혹 답글을 써주기 애매한 내용 없는 리뷰들이 올라오는 경우가 있습니다. 그럴 때는 고객의 닉네임을 이용하거나 주문한 메뉴를 이용하여 재치 있는 답을 해주는 것도 하나의 방법입니다. 어떤 방식이든 고객에게 리뷰로 재미를 준다면 고객은 리뷰를 작성하는 재미를 느낄 수 있으며 다른 고객들도 모두 볼 수 있어 즐거운 가게라는 이미지를 더불어 심어줄 수 있습니다.

그런 것들이 쌓이면 사장님의 매장은 가치가 높아지고 리뷰 승계를 하고 싶은 가게가 되고 출구 전략도 마련하는 것입니다.

리뷰 테러 대처법

 많은 사장님이 낮은 별점을
받게 되면 장사가 안될까 봐 걱정합니다. 이 리뷰 때문에 가게 평점
이 낮아지기도 하고, 다른 고객들도 보기 때문에 주문이 줄어든 것
같다고 느끼며 스트레스를 받는 것이지요.

모든 고객의 입맛은 다르기 때문에 사장님의 음식이 고객의 입맛
에 안 맞을 수도 있습니다. 따라서 낮은 별점을 받는 리뷰는 충분히
있을 수도 있는 일입니다. 사장님의 확고한 장사 철학이 있다면 별점
이 낮은 리뷰 때문에 스트레스를 받지 않는 것이 좋습니다. 오히려 일
관된 맛을 유지하려고 노력하는 것이 더 중요합니다.

사장님의 실수로 인한 문제로 낮은 별점을 받은 것은 개선해서 앞
으로 재발하지 않도록 노력하면 됩니다. 실수로 인해 발생한 문제를
개선하지도 않으면서 좋은 리뷰를 매번 받고자 하는 것은 욕심입니
다. 문제점을 찾고 개선해야만 합니다. 하지만 음식의 맛은 한 명의
고객에게 이끌려 다녀서는 안 됩니다. 예를 들어 대다수의 고객들은

맛있게 먹지만 소수의 고객이 싱겁다, 짜다, 맵다 불평을 합니다. 이런 문제들은 장사를 하다 보면 언제든 일어날 수 있습니다. 그런데 많은 사장님이 고객에게 휘둘려 이런 리뷰가 올라올 때마다 맛을 바꿔서 조리합니다. 소수의 고객에게 흔들려서 매번 맛이 바뀌어서는 안 됩니다. 항상 일관성 있는 맛으로 고객을 만나야 합니다. 이 세상에 모든 사람을 만족시킬 수 있는 음식은 없습니다.

그러므로 사장님의 실수와 무관하게 고객의 입장에서 작성한 별점 낮은 리뷰는 크게 개의치 않아도 됩니다.

가게의 문제점을 지적받거나 스스로 찾았으면 즉시 해결하고, 장사에 대한 사장님의 확고한 철학을 가지고 장사를 한다면 리뷰 테러로 인해 스트레스를 받는 일은 별로 없습니다.

간혹 걱정이 많은 사장님이 고객에게 전화를 걸어 무조건 죄송하다며 리뷰를 삭제해 달라는 요청을 하는 경우도 있습니다. 하지만 이런 상황은 고객의 개인정보를 배달 목적 외에 사용한 것이기 때문에 법적인 처벌을 받을 수도 있습니다.

그리고 많은 고객이 리뷰와 댓글을 보고 주문하기 때문에 감정적으로 격한 답글을 남기는 것보다 개선 방안 또는 구체적인 이유를 일관성 있게 설명해주는 것이 좋습니다.

무조건 죄송하다, 환불 처리하겠다, 개선하겠다 이런 답변은 좋지 않습니다. 고객이 말하는 클레임에 대해 발생한 원인과 이유, 개선 방안, 실천 방안들을 토대로 고객을 이해시켜야 합니다. 고객이 말한

배달의민족 200% 활용법

문제의 원인과 이유, 개선 방안 등을 찾아서 답변을 해주다 보면 사장님도 자연스레 더욱 성장해 있을 것입니다. 그리고 진상 고객은 언제 어디에든 있습니다. 너무 힘들어하지 마세요.

리뷰 하나 때문에 사장님의 중심을 잃으면 안 됩니다. 별점이 낮은 리뷰에 너무 얽매이지 말고 본질에 집중하기 바랍니다.

사장님의 노력과 땀으로 가게가 탄탄하게 자리 잡았다면 많은 고객들이 리뷰 하나에 사장님 가게에 대한 신뢰를 저버리지는 않을 것입니다.

별점 낮은 리뷰 때문에 고민하고 힘들어하는 것은 생각의 차이일 뿐입니다. 굳이 그럴 필요가 없습니다. 긍정적으로 생각하고 앞으로 더 나아가기 바랍니다. 그래야 지치지 않습니다. 지치면 재미가 없고 재미가 없으면 제품의 품질에 문제가 생기게 마련입니다. 모든 불행한 결과는 지치기 시작할 때 이미 시작되고 있다고 생각하면 좋겠습니다.

배달 예상 시간을
제대로 활용하라

배달의민족은 고객이 주문하기 전에 배달 예상 시간을 안내해주고 있습니다. 배달 예상 시간 안내 기준은 사장님이 주문을 접수할 때 선택한 배달 예상 시간 정보에 10분을 더하여 앱에 노출됩니다. 만약 30분 이내의 주문 접수 건이 부족할 경우에는 최근 2주 이내의 주문 정보를 활용합니다.

배달 예상 시간 안내는 2019년 10월 15일부터 시행되었으며 이미 요기요 앱에서는 오래전부터 하고 있었습니다.

배달의민족을 통해 주문이 들어오면 고객에게 음식을 조리하고 배달이 도착하는 시간을 안내해줘

야 합니다. 주문이 들어오면 배달의민족 PC 접수 화면에 20분, 30분, 40분, 50분, 60분, 90분 여섯 가지로 나누어 배달 예상 시간을 클릭할 수 있습니다. 그리고 그 밑에 배달 예상 시간을 직접 입력할 수 있는 공간이 있습니다.

배달 예상 시간을 입력할 수 있는 공간에는 1분 단위로 사장님이 원하는 시간을 적어서 고객에게 알릴 수 있으니 잘 활용하기 바랍니다.

배달 예상 시간을 지키기 위해 주문 4개까지는 40분으로 안내해주고 5개부터 7개까지는 50분, 8개부터 10개까지는 60분으로 안내해주는 등 사장님만의 일관성이 있으면 좋습니다. 그러기 위해서는 사장님 가게의 전반적인 상황을 잘 파악해야 합니다.

그러면 너무 조급해지지도 않으면서 손님에게 매번 정확한 배달 예상 시간을 알려줄 수 있습니다. 이런 일관성에 대해 사장님 공지를 작성해 고객에게 배달 예상 시간이 오래 걸리는 이유에 대해 적어 놓으셔도 좋습니다.

그런데 주문은 하나도 없고 조리와 배달까지 30분이면 충분한데 배달 예상 시간을 1시간으로 안내해주는 사장님이 있습니다. 그런 사장님의 얘기를 들어 보면 "1시간으로 안내해주고 30분 또는 40분 만에 배달이 완료되면 손님들이 좋아하지 않나요?"라고 합니다. 이렇게 말하는 사장님들은 대부분 주문이 들어오면 조리를 먼저 하는 것이 아니라 할 일을 다 하고 조리를 시작합니다. 이런 경우 항상 배달 예상 시간이 1시간 정도로 고객에게 노출되기 때문에 빨리 배달을 받고 싶은 고객에게는 사장님의 가게가 우선순위에서 밀려날 수 있습니다. 불필요하게 긴 배달 예상 시간이 안내되어 고객을 잃게 되는 것입니다.

그래서 저는 이러한 사장님과는 전혀 다르게 운영합니다. 영업 중에 재료 준비, 리뷰 답글 작성 등 다른 일을 하고 있더라도 주문이 들어오면 하고 있던 일은 잠시 내려두고 음식을 먼저 조리합니다. 즉, 음식을 조리해서 고객에게 보내는 것이 우선순위가 되어야 합니다. 주문이 많이 밀리게 되어 배달 예상 시간이 늘어나는 것은 어쩔 수 없지만, 음식을 빨리 배달할 수 있음에도 불구하고 사장님 할 일을 다 한 후에 음식을 조리해서 보내는 것은 고객의 입장에서도 이해가 되지 않을 것입니다. 음식을 조리해서 보내는 일을 제외한 업무들은 언제든 할 수 있습니다. 하지만 주문의 경우 시간이 지나면 지날수록 고객은 지치기 마련입니다. 항상 우선순위를 염두에 두고 일을 하다 보면 일도 수월해지고 만족하는 고객도 많아질 것입니다. 배달 예상 시간을 잘 활용해 매출을 올려 보세요.

배달 팁 설정 요령

 사장님이 배달의민족을 통해 배달하기 위해서는 배달을 할 지역을 정해야 합니다. 지역 구분은 법정동法定洞이 아니라 행정동行政洞을 기준으로 합니다. 배달 대행을 사용할 경우 목적지의 행정동마다 배달 대행 요금이 제각각 다르기 때문에 처음부터 단추를 잘 맞춰야 합니다.

배달 대행업체마다 배달 대행 요금을 책정하는 방법이 다르기 때문에 요금에 차이가 있을 수 있습니다.

예를 들어 A 배달 대행업체는 사장님 가게 주소지 기준으로 목적지까지의 직선거리를 측정하여 대행 요금을 부과하는 반면, B 배달 대행업체는 사장님 가게 주소지 행정동에서 목적지의 행정동까지의 대행 요금이 일정하게 정해져 있는 식입니다.

그리고 배달 대행업체별로 최소 기본요금이 설정되어 있습니다. 따라서 배달 한 건을 대행업체를 통해 보낼 때 사장님이 얼마를 부담할 것인지 정해야 합니다.

예를 들어 사장님이 1,000원을 부담한다면 최소 기본요금이 3,000원일 경우 배달 팁을 2,000원으로 설정해야 하며, 배달 대행 요금이 4,000원일 경우 배달 팁을 3,000원으로 설정해야만 어느 지역에 배달을 보내도 똑같은 이익을 창출할 수 있습니다.

배달 대행업체를 사용하지 않고 직원이 직접 배달을 가는 경우에도 위와 같이 일관성 있게 배달 팁을 설정하여 오토바이 주유비, 수리비, 인건비 등을 고객에게 받는 배달료로 충당하면 좋습니다.

이러한 정책들은 가게마다 다르기에 배달 팁을 설정하지 않고 사장님이 모두 부담하여 고객의 부담을 줄여주는 가게도 있으며, 고객의 주문 금액별로 배달 팁을 차등 적용하여 받을 수도 있습니다.

예를 들어 '10,000원~13,000원 주문 시 배달 팁 3,000원', '13,000~20,000원 주문 시 배달 팁 1,500원', '20,000원 이상 주문 시 배달 팁 0원'으로 설정할 수 있습니다. 그리고 행정동마다 배달 팁을 다르게 설정할 수 있으며 사장님이 원하는 시간대에 할증 배달 팁을 설정할 수도 있습니다. 마지막으로 할증 배달 팁을 공휴일에 설정하는 경우 법정 공휴일마다 배달 팁이 자동으로 추가됩니다.

주문 금액별 배달 팁, 행정동 배달 팁 등 배달 팁을 모두 설정하면 고객에게는 자동으로 계산되어 배달 팁이 부과됩니다.

예를 들어 13,000원 이하 주문 시 배달 팁 3,000원 설정, A 행정동 배달 팁 1,000원을 설정한 경우 A 행정동에서 주문 금액이 13,000원 이하로 주문하게 되면 고객에게는 총 4,000원의 배달팁이 부과됩니다.

사장님이 배달 대행 요금을 얼마 부담해야 하는지 알기 위해서는 매출 원가를 알아야 합니다.

매출 원가와 가게의 고정비, 변동비를 알고 사장님이 원하는 이익을 알면 배달 팁을 얼마나 부담해야 하는지 정답을 찾을 수 있습니다. 무턱대고 다른 경쟁업체를 따라 할 것이 아니라 이익을 계산할 수 있어야 합니다. 그래야 돈 버는 재미가 있고 지치지 않습니다.

원산지 표기 의무

 '농수산물의 원산지 표기에 관한 법률'에 의하면 반드시 원산지를 표시해야 합니다.

원산지 표기는 의무이기 때문에 매우 중요합니다. 허위로 기재하였거나 원산지 표기가 없는 경우 법률 위반으로 과태료를 부과받을 수 있습니다. 표시 방법을 위반했을 때도 마찬가지입니다.

거짓으로 표시한 경우에는 형사 처벌, 과징금, 업체 위반 공표, 위반자 의무 교육까지도 받을 수 있습니다. 최대 10년 이하 징역 또는 1억5천만 원 이하의 벌금이 부과될 수 있으며, 원산지를 표시하지 않으면 5만 원부터 1,000만 원까지 과태료 처분을 받을 수 있습니다. 그래서 배달의민족에 가게 등록을 할 경우 원산지 표기를 빠트리면 절대 안 됩니다.

2020년 7월 1일부터는 소비자가 구매하는 시점에 원산지에 대한 정보를 알 수 있도록 배달 음식이 소개되는 앱은 물론 음식 포장재나 전단지 등에도 원산지를 표시하도록 관련 법령이 강화되었습니다.

농산물은 사용된 원료의 원산지가 모두 국산일 경우에는 국산과 국내산 어떤 명칭으로도 표기할 수 있습니다. 즉, 국산이든 국내산이든 모두 우리 재료로 우리나라에서 만든 농산물입니다. 하지만 김치의 경우는 재료인 배추와 고춧가루에 각각 원산지를 표기해야 합니다. 배추가 우리나라 재료면 국산이나 국내산으로 표기하고 고춧가루가 중국 것이면 중국산으로 원산지를 별도로 표기해야 합니다.

원산지 정보는 메뉴별로 표기해야 하며 예를 들어 프라이드치킨 - 닭고기(국내산) / 감자튀김 - 감자(미국산)로 원산지를 별도로 표기해야 합니다.

그리고 축산물과 농산물은 표기법이 다릅니다. 축산물의 경우에는 어디에서 나고 자랐는지에 따라 국내에서 나고 자란 소는 '국내산(한우)'이라고 표기하며, 해외에서 났지만 국내에서 6개월 이상 자란 소는 '국내산(육우,호주산)'이라고 표기합니다. 해외에서 나고 자란 소는 '외국산(호주산)'이라고 표기하면 됩니다.

농산물은 국산과 국내산 모두 같은 의미로 쓰이지만, 축산물의 경우에는 국내산 또는 외국산으로 표기하면서 어디에서 나고 어디에서 얼마간 길러졌는지에 따라 다르게 표기됩니다.

그리고 원산지가 다른 2개 이상의 재료를 사용한 경우라면 섞음 비율이 높은 순대로 표시하면 됩니다. 예를 들어 불고기를 판매하는 경우 국내산 60%, 호주산 40%를 사용한다면 불고기(쇠고기: 국내산과

호주산을 섞음)이라고 표시하면 됩니다.

그렇다고 음식점에서 모든 재료의 원산지를 표기해야 하는 건 아닙니다. 원산지를 표시해야 하는 품목은 농축산물 9개와 수산물 15개로 다음과 같습니다.

농축산물 9개 품목	수산물 15개 품목
쇠고기	넙치
돼지고기	조피볼락
닭고기	참돔
오리고기	미꾸라지
양고기	뱀장어
염소고기(유산양 포함)	낙지
배추김치	고등어
쌀(밥, 죽, 누룽지)	갈치
콩(두부류, 콩국수, 콩비지)	명태(황태, 북어 등 건조한 것은 제외)
	참조기
	오징어
	꽃게
	다랑어
	아귀
	쭈꾸미

응용편

검색창 활용하기

배달의민족 앱을 실행하면 먹고 싶은 메뉴나 찾고 싶은 가게가 있을 때 검색할 수 있는 검색창이 있습니다.

검색창을 잘 활용하면 돈을 들이지 않고 사장님의 가게를 효율적으로 홍보할 수 있습니다. 사장님의 가게가 영세하고 개인점에 가까울수록 많은 홍보를 해야 합니다. 물론 최소한의 비용으로 말이죠.

예를 들어 치킨집이고 유명 브랜드가 아니라고 가정해 보겠습니다. 검색창에 메뉴명을 검색하면 검색한 메뉴로 등록

된 가게들이 보입니다.

　약간의 꼼수로 실제로는 판매하지 않는 메뉴이지만 사이드 메뉴를 새로 만들면서 고객이 검색할 만한 유명 브랜드 문구를 메뉴명으로 만들면 됩니다. 그러면 고객이 메뉴명에 들어간 문구를 검색창에 검색했을 때 사장님 가게가 노출됩니다.

　꼭 유명 브랜드가 아니더라도 쿠폰, 할인, 1인분, 혼밥, 혼술 등 고객이 검색할 만한 문구를 메뉴명으로 만드는 방법도 있습니다. 사장님이 임의로 등록한 문구가 고객이 검색한 문구와 겹치게 되면 돈을 들이지 않고 자연스럽게 가게를 노출시킬 수 있습니다.

　고객이 검색을 많이 하는 문구를 고민해서 사이드 메뉴명으로 만들어 가게 메뉴 제일 하단에 두면 고객이 해당 문구를 검색할 때마다 사장님 가게가 노출됩니다. 이렇게 함으로써 고객이 특정 브랜드를 검색했을 때 사장님 가게는 관련이 없지만 특정 브랜드와 함께 노출되어 고객에게 보이게 됩니다.

　물론 주문까지 이어지는지에 대한 여부는 확인할 수 없지만 일부의 고객이라도 검색창을 통해 기존에 몰랐던 사장님 가게를 알게 되고 주문으로 이어진다면? 돈을 들이지 않고 홍보할 수 있는 더할 나위 없이 좋은 방법입니다.

　주문까지 연결되지 않더라도 가게가 고객에게 보여진 것만으로도 엄청난 효과입니다. 몰랐다면 모를까 알면서도 하지 않는 것은 장사에 대한 예의가 아니라고 생각합니다. 사장님 가게는 사장님이 이끌어 가는 것입니다. 단, 이렇게 좋은 홍보를 하기 전에 음식의 맛, 배달 서비스, 친절함 등 내부적으로 준비가 잘 되어 있어야 합니다. 아무리 마케팅을 잘하더라도 고객이 만족하지 않는다면 이런 마케팅 자체가 무용지물이기 때문입니다.

메뉴의 부연 설명을
활용하라

많은 사장님이 메뉴 부연 설명인 메뉴 구성과 메뉴 설명에 대해 잘 모르고, 알더라도 귀찮고 안일하게 생각합니다. 그러나 배민 사장님 광장 - 셀프서비스 - 메뉴 관리에는 돈 들이지 않고 사장님의 가게 메뉴를 충분히 설명할 수 있는 공간이 있습니다.

첫 번째로 메뉴마다 메뉴 구성을 작성할 수 있습니다.

메뉴 구성은 메뉴를 클릭해서 들어오기 전에 메뉴명 밑에 작은 글씨로 보이는 것입니다.

세트 메뉴는 어떤 것들이 세트로 구성되어 배달이 되는지 설명을 할 수 있고, 단일 메뉴는 몇 조각이 제공된다거나, 같이 포함되는 기본 반찬 구성들을 작성할 수 있습니다. 그 외에도 자극적인 문구를 넣어 주문까지 이어질 수 있도록 문구를 넣으면 좋습니다.

대표 메뉴뿐만 아니라 모든 메뉴에 메뉴 구성을 작성해 놓으면 고객이 메뉴에 대해 이해하기도 쉽고 메뉴 선택을 하는 데 많은 도움이 될 수 있습니다. 매출로 이어질 확률을 높이는 방법이죠. 꼭 잘 활용하기 바랍니다.

두 번째로 메뉴를 클릭해서 들어왔을 때 해당 메뉴에 대한 설명을 사장님이 직접 적을 수 있습니다. 해당 메뉴의 맛을 글로 군침 돌게 표현하는 것도 좋으며 해당 메뉴의 특징, 전체 메뉴 중에 해당 메뉴의 주문율 등 고민 없이 주문까지 이어질 수 있는 문구를 적어 넣는 것도 좋습니다. 음식의 맛을 글로 잘 설명해 놓는다면 메뉴를 잘 이해하지 못한 고객이 전화로 문의하는 경우도 줄어들 수 있습니다. 피자집 같은 경우 메뉴명이 간단하지 않아 도대체 무슨 맛인지 알 수가 없어 주문을 못하는 경우가 정말 많습니다. 그러므로 메뉴에 대한 설명을 구체적으로 잘 작성해 놓는다면 주문하는 고객에게 많은 도움이 되며 매출로 이어질 확률도 높아집니다.

세 번째로 해당 메뉴의 사진을 등록하는 기능을 활용할 수 있습니다. 메뉴 사진은 실제 조리해서 준비된 음식 사진을 기반으로 하여 먹음직스럽게 촬영한 후 주문까지 이어질 수 있도록 하되 너무 차이가 나지 않도록 합니다. 그리고 메뉴 설명에 위 사진은 실제 조리된 사진이라고 설명해주는 것도 좋습니다.

이 모든 작업들을 모르거나, 알더라도 귀찮아서 하지 않는 사장님이 많습니다. 처음 시작할 때 딱 한 번만 해 놓으면 됩니다.

작은 것들이 모여 큰 차이가 됩니다. 사장님 가게는 사장님이 제일 잘 알고 있을 것이며 작은 부분부터 노력하고 실천하는 것이 잘되는 가게의 특별한 이유이기도 합니다.

별것 아니지만 많은 사장님이 실천하고 있지 않습니다. 그러므로 실천하는 사장님은 더 많은 고객을 유치할 수 있습니다.

고객이 사장님 가게를 클릭해서 들어왔을 때 주문까지 이어질 수 있도록 꼭 실천으로 옮기는 사장님이 되길 바랍니다.

사장님 한마디에
작성할 콘텐츠는
무궁무진하다

 배달의민족 셀프서비스를 통해 사장님 공지 외에도 '사장님 한마디'를 작성할 수 있습니다.

사장님 한마디는 매일매일 바꿔 가면서 작성하면 좋습니다. 평소보다 10분 일찍 출근하거나 또는 짬이 나는 시간을 활용해 사장님 한마디를 작성해 보기 바랍니다.

예를 들어 비가 오는 날은 우천으로 인해 도로 사정이 좋지 않아 평소보다 10분 정도 배달 소요 시간이 더 걸린다는 양해의 문구나, 치킨집의 경우 매일 기름을 교체한다면 새로운 기름 사진과 함께 시간과 날짜가 나오게 사진을 찍어 업로드해주는 것입니다.

인기가 많은 메뉴이거나 신메뉴가 나왔을 때 구체적인 설명을 맛깔나게 기입하여 주문하고자 하는 고객의 입맛을 돋우게 해주는 것도 너무 좋은 방법입니다.

매일 공급되는 식재료가 있다면 사진과 함께 유통기한, 원산지를 첨부하여 신선한 재료를 사용한다는 이미지도 줄 수 있습니다. 사진도 3장까지 첨부할 수 있기 때문에 글이 어렵다면 사진으로 표현하면 됩니다.

사장님 한마디를 잘 활용하여 가게의 중요한 변경사항이나 고객에게 전하고 싶은 생각과 마음을 글과 사진으로 표현한다면 고객들과 소통하는 가게가 될 수 있습니다. 사장님 한마디에 작성할 콘텐츠는 무궁무진합니다. 사장님의 열정과 열의에 비례해서 말이죠. 책임감도 포함해서요. 가게를 조금만 둘러보고 살펴보아도 많은 것들이 떠오르기 마련입니다.

좋은 아이디어로 사장님 한마디를 잘 활용하면 분명 사장님의 마음을 알아주는 고객이 생길 것입니다. 한두 달만 꾸준히 하면 매일 사장님 한마디를 고민하지 않아도 됩니다.

하루하루 새로운 생각으로 사장님 한마디를 작성했다면, 한 달, 두 달이 지난 뒤에는 그동안 적어 왔던 한마디를 가게 상황에 맞게 다시 붙여 넣어도 됩니다. 모든 고객이 매일매일 사장님 가게의 한마디를 확인하지 않기 때문에 좋은 내용은 자주 작성해주는 것도 좋은 방법입니다.

예전에 썼던 사장님 한마디를 그대로 붙여 넣는 경우 소리내어 작성된 문구를 한 번 읽어 보고 이상한 점이 있다면 고쳐 쓴 뒤에 올리면 됩니다. 이전에 작성했던 문구를 복사해서 다시 수정하여 올리는 경우 점점 좋은 글로 변해 갑니다. 그러다 보면 제일 처음 작성했던 사장님 공지와는 전혀 다른 글이 될 수도 있습니다.

가게를 처음에 어떻게 시작했는지 스토리를 소개해도 좋고 음식에 자신이 있다면 다른 가게와의 음식 맛이나 재료의 차별성을 강조하셔도 좋습니다.

크게 어려운 일이 아니지만 생각을 행동으로 옮기는 순간 사장님의 가게는 조금씩 앞으로 나아갑니다. 더불어 매출도 오르겠죠?

많은 사장님이 귀찮다는 이유로 하지 않는 것들을 하나씩 꾸준하게 하다 보면 꾸준함이 폭발하는 날이 옵니다. 올바른 방향으로의 꾸준함을 이길 수 있는 것은 없습니다.

배달의민족 리뷰를
승계할 수 있을까?

 가게를 매매하게 될 때 배달의

민족에 뜨는 업소 정보를 그대로 다음 사람에게 넘겨줄 수 있을까요?

넘겨줄 수 있지만 조건이 있습니다.

즉, 가게를 인수받는 사람이 다음 표에 나와 있는 조건을 충족해야

만 업소의 정보와 리뷰를 승계받을 수 있습니다. 조건을 충족해야 한

다는 것은 사장님이 열심히 가게 관리(리뷰, 별점 등)를 했더라도 배달의

민족이 사장님 가게 권리에 대해 개입하는 것입니다.

어쨌든 보통은 가족, 동업자가 아닌 제3자가 가게를 인수합니다.

그래서 배달의민족에서 요구하는 조건을 충족하기 위해서는 사업자

등록증을 공동 명의로 변경해야 합니다.

이를 위해서는 사업장 소재지 관할 구청에서 영업신고증을 먼저 공

동 명의로 변경해야 합니다. 필요한 서류는 보건증, 위생교육 수료증,

도장, 신분증 등이 있습니다. 구청마다 필요 서류가 다를 수 있으니 방

문하기 전에 꼭 관할 구청에 전화를 해서 필요 서류를 문의하고 방문

배달의민족 업소 정보 승계 조건

허용 대상	상세 기준	취합 서류	비고
본인	• 사업자의 변경 없이 사업자등록번호가 변경되는 경우	- 사업등록번호가 변경된 사업자등록증(필수) [추가: 법인사업자 경우 다음 중 택일] - 영업신고증 - 법인 등기부등본	변경 전/후 사업자등록증상 대표자명과 생년월일 일치 확인 필요 법인사업자의 경우 대표자 개인의 생년월일이 사업자등록증에 명시되어 있지 않기 때문에 동일인 확인 목적으로 영업신고증 또는 법인등기부를 통해 성명, 생년월일의 확인이 필요

친족	• 본인의 자녀, 자녀의 배우자, 자녀의 자녀, 자녀의 배우자의 부모, 자녀의 배우자의 형제/자매
	
	• 형제/자매, 형제/자매의 자녀, 형제/자매의 배우자, 형제/자매 배우자의 부모
	
	• 조부모, 외조부모, 부모, 부모의 형제/자매, 부모의 형제/자매 배우자, 부모의 형제/자매 자녀
	
	• 배우자, 배우자의 부모, 배우자의 형제/자매, 배우자의 형제/자매의 배우자, 배우자 형제/자매의 자녀
		- 가족관계증명서(필수)
		
		[허용되는 서류]
		- 부부: 혼인관계증명서
		- 외국인:외국인등록 사실증명서
		  (부부 일방 또는 쌍방이 외국인일 경우 허용)
		- 2007년 12월 31일 이전에 사망한 자에 대한 서류: 제적등본
		  (단, 한글로 이름이 표기된 제적등본이어야 함)
			외국인의 경우 사업자등록증상의 성명과 가족관계증명서 또는 외국인등록증상의 성명이 서로 다르다면, 동일한 인물임을 증명할 수 있는 서류가 추가적으로 필요

공동사업자	• 사업자등록상 공동사업자로부터 공동사업자 중 1명으로 이전하는 경우 또는 그 반대의 경우 • 사업자등록상 공동사업자로부터 공동사업자로 이전하는 경우에 있어서, 1명 이상이 양측 모두에 속해 있는 때 단, 위 각 경우 중 이전하는 자가 공동사업자인 경우, 이전(移轉)의 양 당사자 모두에 속한 개인은 사업자변경 시점을 기준으로 이전(以前) 30일 이상 계속하여 이전하는 당사자측의 (공)사업자로 등록 상태가 유지되어야 함(아래 '예시' 중 B와 E에 적용) [예시] (1) 공동사업자 A/B에서 B로 이전 (2) C에서 공동사업자 C/D로 이전 (3) 공동사업자 E/F에서 공동사업자 E/G로 이전	- 이전받는 사업자의 사업자등록증(필수) - 이전하는 사업자가 공동사업자인 경우:"사실증명(공동사업자내역)"(필수)	사업자등록을 통해 공동사업자임이 확인되어야 함
법인 간 이전	• 법인에서 법인으로 이전되는 경우로서, 이전하는 법인의 대표자가 이전받는 법인의 주주 또는 대표자이거나, 이전하는 법인의 주주가 이전받는 법인의 대표자인 경우 단, 위 각 경우에 있어서 이전하는 법인의 위 대표자 또는 주주는 사업자변경 시점을 기준으로 이전(以前) 30일 이상 계속하여 대표자 또는 주주의 지위를 유지하여야 함	- 이전받는 사업자의 사업자등록증 - 주주출자명세서(주주명부) - 영업신고증 - 법인 등기부등본	법인사업자의 경우 대표자 개인의 생년월일이 사업자등록증에 명시되어 있지 않기 때문에 동일인 확인 목적으로 주주명부, 영업신고증 또는 법인등기부를 통해 성명, 생년월일의 확인이 필요
개인과 법인 사이의 이전	• 개인에서 법인으로 이전되는 경우로서, 이전하는 개인사업자(대표자)가 이전받는 법인사업자의 대표자 또는 주주인 경우 단, 이전하는 개인이 공동사업자 경우 이전받는 법인의 위 대표자 또는 주주는 사업자변경 시점을 기준으로 이전(以前) 30일 이상 계속하여 이전하는 당사자측의 (공동사업자)로 등록 상태가 유지되어야 함 • 법인에서 개인으로 이전되는 경우로서, 이전하는 법인사업자의 대표자 또는 주주가 이전받는 개인사업자(대표자)인 경우 단, 이전하는 법인의 위 대표자 또는 주주는 사업자변경 시점을 기준으로 이전(以前) 30일 이상 계속하여 대표자 또는 주주의 지위를 유지하여야 함	- 이전받는 사업자의 사업자등록증(필수) - 이전하는 사업자가 공동사업자인 경우: "사실증명(공동사업자내역)"(필수) [추가: 법인사업자 경우 다음 중 택일] - 주주명부 - 영업신고증 - 법인등기부	법인사업자의 경우 대표자 개인의 생년월일이 사업자등록증에 명시되어 있지 않기 때문에 동일인 확인 목적으로 주주명부, 영업신고증 또는 법인등기부를 통해 성명, 생년월일의 확인이 필요
직원	• 현재 재직 중인 직원으로서 3개월 이상 근무 이력의 확인이 가능한 자가 가게를 이전받는 경우	- 아래 1과 2를 제출하여야 함 1. 재직증명서, 건강보험 가입증명서 또는 국민연금 가입증명서 중 택일 2. 급여명세서(월급 이체 내역) 또는 근로소득원천징수영수증 중 택일 * 이상의 서류는 최근 3개월 이내에 발급받은 것이어야 함	• 급여명세서(월급 이체 내역) - 일정 금액(급여)이 일정 날짜(급여일)에 지급되었는지를 확인하여 직원 여부를 판단 - 최근 3개월의 지급 내역상 지급 날짜와 금액이 일정치 않아 급여로 판단하기 어려울 경우 지급된 명세份 사유 기재 필요 ※ 근로소득원천징수영수증으로 대체 가능

하면 됩니다. 단, 주의할 점은 공동 명의로 변경할 때 주 대표를 정해야 합니다. 최근 배달의민족에서도 공동 명의에 대해 조금씩 구체화되고 있습니다. 그렇기 때문에 배달의민족 고객센터나 담당 매니저에게 전화를 걸어 주 대표를 가게 인수받는 사람으로 설정해야 하는지 꼭 문의한 뒤 주 대표를 정해야 합니다.

그리고 공동 명의로 변경한 영업신고증과 기존 사업자등록증, 동업계약서, 인감 증명서 등을 가지고 세무서에 방문해서 사업자등록증을 공동 명의로 변경하면 됩니다. 이 또한 세무서에 전화해서 필요한 서류들을 꼭 물어보고 방문하는 것이 좋습니다.

명의 변경이 끝났다면 배달의민족 고객센터에 전화해 사정을 설명하고 변경된 사업자등록증을 보내주면 됩니다.

Q 무조건 전 사업자의 업소 정보를 승계받는 것이 좋은가요?

A 장사에는 정답이 없습니다. 전 사업자의 배달의민족 가게 평점, 리뷰 내용, 리뷰 답글 내용, 전반적인 내용들을 기본적으로 확인하고 마음에 드신다면 승계를 받으시고 사장님께서 단독으로 운영을 하실 때 도움이 되지 않을 것 같으면 업소 정보 및 리뷰 승계를 받지 않으면 됩니다. 리뷰 승계를 받아야 하는 가게와 리뷰 승계를 받지 말아야 하는 가게에 대해 뒤에서 다루었으니 참고해 주세요.

리뷰 승계 시
배달의민족 활용법

Q 가게를 5월 1일부터 인수받기로 결정했습니다. 그리고 배달의민족 업소 정보 및 리뷰 승계를 받으려고 하는데 5월 1일부터 바로 배달의민족에서 주문을 받을 수 있나요?

A 중요한 질문입니다. 사장님께서 리뷰 승계를 받는 조건에서 5월 1일부터 배달의민족에서 주문을 받을 수 있고 없고는 세무 공무원의 재량에 달려 있을 수 있습니다. 공동 명의 사업자등록증을 인수받는 사장님 단독 명의로 변경 가능하다면 리뷰 승계를 받으면서 5월 1일부터 배달의민족에서 주문을 받을 수 있습니다.

쉽게 말해 기존 사업자등록증 번호가 123-XX-67890입니다. 이 사업자를 최초로 발급받은 사람은 A 사장님입니다. 가게 인수를 받는 사장님은 B 사장님입니다. A 사장님이 가지고 있는 사업자등록증에 B 사장님이 공동 명의로 들어갔습니다. 이때 A와 B 사장님이 공동 명의로 되어 있던 사업자등록증이 B 사장님 단독 명의로 변경이 된다면 5월 1일부터 배달의민족에서 주문을 받을 수 있습니다.

그런데 제가 경험한 바로는 어떤 세무서는 이렇게 가능하다고 하지만 어떤 세무서는 불가능하다고 얘기합니다. 불가능하다고 말하는 이유는 123 – XX – 67890이라는 사업자 번호는 A 사장님이 발급받은 것이기에 B 사장님은 새로 사업자 번호를 발급받으라고 합니다. 기존 사업자등록증으로 등록된 사업장은 폐업 처리하고 B 사장님 단독 명의의 사업자등록증을 신규로 발급받게 되면 배달의민족 광고 신청을 새로 해야 되고, 보통 광고 승인까지 2주 정도 소요되기 때문에 5월 1일부터 바로 배달의민족에서 주문을 받지 못할 수도 있습니다.

그렇기 때문에 사업장 소재지 관할 세무서에 꼭 미리 전화해서 공동 명의 사업자등록증을 단독 명의 사업자등록증으로 변경할 때 조건들을 물어봐야 합니다.

Q 그럼 5월 1일부터 무조건 배달의민족에서 주문을 받을 수 있는 방법은 없나요?

A 있습니다. 위 질문은 업소 정보와 리뷰 승계 조건이 우선시되기

에 세무 공무원에게 달려 있는 수가 있다고 말씀드렸습니다. 하지만 업소 정보 및 리뷰 승계를 받지 않는다면 5월 1일부터 배달의민족을 통해 무조건 주문을 받을 수 있습니다.

리뷰 승계를 받지 않는다면 군이 사업자등록증을 공동 명의로 할 이유도 없습니다.

이렇게 진행하기 위해서는 A 사장님은 4월 중순쯤에 사업자등록증을 4월 30일 날짜로 폐업 신청을 하고, B 사장님은 사업자등록증을 신규로 발급받습니다. 그리고 사업자등록증을 발급받은 날 배달의민족에 신규로 광고 신청을 하면 됩니다.

더구나 이런 경우 A 사장님은 일반 과세자 사업자등록증을 보유하고 있었더라도, B 사장님은 간이 과세자로 사업자등록을 할 수 있습니다.

단, 간이 과세 배제 지역, 간이 과세 배제 건물이 아니어야 하고, B 사장님 앞으로 된 일반 과세자 사업자등록증이 없어야 합니다(개인 택시, 용달차 운송업, 이·미용업 등은 제외).

참고로 신규 광고 신청 같은 경우 2주 정도 소요되니 개업 예정일 자로부터 2주 전에 신청하는 것이 좋습니다. 그러므로 5월 1일에 정상적으로 배달의민족에서 주문을 받으려면 미리 준비와 계획이 명확하게 세워져 있어야 합니다.

리뷰 승계를 받으면서
간이 과세로 시작하는 방법

 통상 일반 과세 사업장을 인수

받을 경우, 간이 과세 사업자로 시작할 수 없는 것으로 대다수가 알고

있습니다. 쉽게 이해할 수 있도록 예를 들어 설명하겠습니다.

A 사장님이 하던 치킨집(일반 과세 사업자)을 7월 1일부터 B 사장님이

인수받으려고 합니다.

A 사장님이 가게 운영을 잘하고 배달의민족에 등록되어 있는 정보

및 홍보도 잘 관리되어 있어 B 사장님은 배달의민족 리뷰 승계까지

받고 싶어 합니다.

하지만 리뷰 승계를 받게 되면 일반 과세자로 시작을 할 수밖에

없다고 알고 있습니다. 배달의민족 리뷰 승계를 받기 위해서는 사

업자등록증이 공동 명의가 되어야 하고, 일반 과세자 사업자등록증

을 가지고 있으면 간이 과세자 사업자등록증을 신규로 발급받을 수

없기 때문입니다.

그래서 B 사장님은 리뷰 승계를 받고 일반 과세자로 시작을 할지, 리뷰 승계를 포기하고 간이 과세자로 사업자등록증을 발급받아 시작할지 고민이 됩니다.

하지만 세무 상식이 조금만 있다면 리뷰 승계도 받으면서 간이 과세자로 시작할 수 있습니다.

이 경우 간이 과세 배제 업종, 간이 과세 배제 건물, 간이 과세 배제 지역이 아니어야 하고 일반 과세자 사업자등록증이 없어야 합니다.

우선 영업신고증과 사업자등록증을 공동 명의로 변경합니다. 변경된 영업신고증과 사업자등록증은 배달의민족 고객센터로 발송하면 됩니다.

그리고 한 달 내외로 공동 명의를 유지하고 있다가 다시 사업자등록증을 A 사장님 단독 명의로 변경합니다. 주의할 점은 A 사장님 단독 명의로 변경된 사업자등록증은 배달의민족에 발송하면 안 됩니다.

위 절차가 끝나면 A 사장님은 6월 중순쯤 폐업 예정 일자를 6월 30일로 작성해 세무서에 폐업 신청을 하면 됩니다. B 사장님은 A 사장님이 폐업 예정 신청을 하고 난 뒤 세무서에 사업자등록증을 발급받으러 가면 됩니다. 개업 예정 일자는 7월 1일로 작성하고 간이 과세자로 시작하겠다는 항목에 체크를 합니다. 이때 사업자등록증상에 상호명과 종목은 다르게 변경해주는 것이 좋습니다.

하지만 세무서에서 얼마 전까지 공동으로 사업을 운영하던 사람이 단독으로 사업자등록증을 발급받으면서 간이 과세자로 시작하는 것을 눈여겨 볼 수 있습니다. 그냥 넘어갈 수도 있지만 세무서 직원도 개인차가 있어서 그들의 재량권 안에서 확인하고 결정할 수 있는 일들은 의외로 많습니다.세무서에서 추궁할 경우 사장님의 대처가 중요합니다.

간이 과세 배제 구역, 배제 건물, 배제 업종, 일반 과세를 보유하고 있는 사업자, 일반 과세자로부터 사업포괄 양도양수를 받은 경우, 가족이 아니라면 간이 과세자로 사업자등록증을 발급받을 수 있습니다. 그러므로 세무 공무원이 그 전 동업 관계를 얘기하고 상황을 물어본다면, 동업을 하다가 서로 문제가 많아 혼자 다른 아이템으로 새로장사를 시작하는 것이라고 잘 얘기해야 합니다. 세무 공무원의 재량은 크기 때문에 처음부터 아는 척이나 공격적으로 대화를 해서는 안 됩니다. 이 어려운 시기에 어려운 형편에 어렵게 시작하는 것인 만큼 잘 좀 부탁한다는 투가 좋습니다.

마지막으로 배달의민족 고객센터 또는 담당 매니저에게 전화해 가입 신청을 하면서 그전에 동업하고 있던 가게가 있으니 이전 가게 정보를 신규 사업자등록증에 등록해 달라고 하면 됩니다.

배달의민족 전산과 세무서 전산이 연결되지 않기 때문에 단독으로 된 사업자등록증을 발송하지 않으면 배달의민족은 동업의 지속 여부를 알 수 없습니다. 공동 명의로 된 사업자등록증만 발송받았기 때문에 일반 과세자 사업장을 리뷰 승계도 받으면서 간이 과세자로 시작할 수 있는 것입니다.

어떤 가게의
업소 정보와 리뷰 승계를
받는 것이 좋을까?

 앞서 다루었던 리뷰 승계를 받

아야 하는 가게와 그렇지 않은 가게에 대한 구별법을 알아보겠습니

다. 어떤 가게가 과연 좋은 가게일까요?

첫 번째로 미답변 리뷰가 0에 가까운 가게들입니다. 리뷰 수가 많

으면 많을수록 대다수의 사장님이 답글을 남기는 것을 귀찮아합니

다. 초심을 잃은 것이죠. 그렇기 때문에 미답변 리뷰가 0이라면 기존

사장님이 아주 꾸준하게 리뷰에 답변을 해줬다는 의미입니다.

미답변 리뷰가 많으면 많을수록 장사를 대충하거나, 가게에 애착

이 없었다는 이야기가 됩니다.

리뷰는 고객과 사장님이 서로 소통할 수 있는 거의 유일한 공간입

니다. 고객은 리뷰를 통해 가게의 이미지와 사장님의 장사 마인드를

볼 수 있으며, 많은 사람들이 리뷰를 보고 주문까지 이어서 합니다.

가게 사장님의 미답변 리뷰가 0에 가까울수록 가게에 대한 애착이 컸

을 것입니다.

하지만 리뷰 답글 내용이 리뷰 내용과는 달리 동문서답이거나 복사해서 붙여 넣기로 몇 가지 멘트들을 자꾸 반복했다면 그동안 리뷰 답변들이 큰 의미가 없을 수 있습니다.

두 번째는 평점이 4.9 이상 되는 가게입니다.

원래는 배달의민족 평점 기준이 작성된 모든 리뷰의 평균이었습니다. 하지만 리뷰 평점 평균이 최근 6개월로 바뀌게 되었습니다. 상당히 합리적이라고 생각합니다.

이로 인해 많은 가게들이 최근에 운영을 잘하기만 해도 평점이 0.1~0.2 정도 높아졌습니다. 그래서 평점 4.9인 가게들이 많습니다. 그리고 가게 리뷰란을 통해 최근 6개월 동안의 평점을 그래프로 볼 수 있습니다. 그래프가 직선이거나 상승 곡선을 그리고 있다면 가게가 일정하게 잘 운영이 되었다는 것을 의미합니다. 반대로 그래프가 하향 곡선을 그리고 있거나 들쑥날쑥하다면 그만큼 사장님이 가게에 대한 마음이 떠나가고 있다는 것과 같습니다. 보통 사장님이 열심히 애착을 가져 운영하는 가게라면 평점이 4.9~5점을 유지하고 있을 것입니다.

평점이 4.7 미만인 가게들은 손님의 만족도가 그리 높지 않은 가게일 가능성이 높습니다. 리뷰를 낮은 순으로 보게 되면 그 가게의 문제점을 쉽고 빠르게 찾을 수 있습니다. 리뷰 이벤트 덕분에 고객들은 대부분 평점을 높게 주는 경향이 있고, 그로인해 별점에 대해 호의적일 수밖에 없습니다. 그러므로 최소 평점이 4.9 이상이라면 업소 정보를 승계 받는 것이 좋을 수 있습니다.

세 번째로 배달의민족 매출이 가게 매출의 70% 이상 차지하고 있는 가게들입니다.

보통 배달 전문점은 배달의민족의 매출 비중이 제일 큽니다. 그리고 그다음 매출 비중은 요기요 등 다른 앱일 것이며 전화 주문 비중은 많지 않을 것입니다.

배달의민족 매출이 가게 매출의 70% 이상 차지하고 있고, 매출이 몇천만 원 단위라면 꼭 리뷰 승계를 받는 것이 좋을 수 있습니다. 그동안 많은 노력으로 자리 잡은 가게를 굳이 새로 시작해서 처음부터 어렵게 갈 이유는 없기 때문입니다.

좋은 업소 정보와 리뷰 승계를 받으면 기존의 고객들은 물론 신규 고객들의 유입이 수월합니다.

하지만 업소 정보가 리셋이 되어 모든 수치가 0부터 시작한다면 신규 고객들은 가게의 최근 주문 수, 최근 6개월 동안의 평점, 리뷰, 찜 횟수가 없기 때문에 사장님 가게에서 주문하기를 망설일 수 있습니다. 그리고 기존 고객들은 찜한 내역에서 주문할 수가 없어 불편함을 느낄 수 있습니다.

또한 기존에 인기가 많던 가게가 새로 시작하게 되면 많은 고객들이 '사장님이 바뀌었나?'라는 생각을 할 수 있는 여지도 줄 수 있습니다. 업소 정보를 승계받으면 탄탄함이 유지되어 있어 사장님의 익숙하지 않은 가게 운영으로 낮은 평점을 받았을 때도 평점이 쉽게 내려가지 않습니다. 게다가 배달의민족 업소 정보의 모든 것을 새로 시작하여 익숙하지 않은 배달 장사를 하다 보면 실수가 빈번할 수 있는데, 그로 인해 평점을 처음부터 낮게 받게 되면 이를 복구하는 데 시간과 노력이 들고 스트레스도 많이 받게 됩니다.

리뷰 승계와 별개로 가게의 리뷰란으로 들어가서 별점이 낮은 순으로 리뷰를 볼 수가 있습니다. 별점이 낮은 순으로 리뷰를 보게 되면 그 가게의 문제점을 볼 수 있습니다. 특히 동일한 내용의 문제점이 계속 올라온다는 것은 많은 고객들이 문제점을 지적하였는데도 불구하고 개선의 의지가 없는 것으로 볼 수 있습니다.

고칠 것은 고치고, 사장님의 소신을 지켜야 할 것은 지켜 나가야 합니다. 그래야 출구 전략을 수립하는 것도 수월합니다. 예를 들어 '항상 음식이 식어 와서 너무 맛이 없다.'라는 식의 리뷰나 위생적으로 문제가 있는 리뷰들이 지속적으로 올라온다면 그 사장님은 고객의 의견에 귀 기울이지 않고 개선할 생각이 없다는 것이며, 재주문과는 전혀 상관없이 그냥 주문이 들어 왔다는 것 자체만으로 만족하며 가게를 운영해 나가고 있을 것입니다. 이런 경우 리뷰 승계를 받을 필요도 없을뿐더러 그 자리에서 굳이 장사를 시작할 이유도 없습니다.

식약처 위생 등급을 활용한 인지도 높이기

 2017년 5월 19일부터 식품의 약품안전처(식약처)에서는 음식점 위생 수준 향상을 위해 〈음식점 위생 등급제〉를 시행하고 있습니다.

이는 식중독 예방과 소비자의 선택권 보장을 위해 식약처에서 음식점의 위생 수준을 평가하고, 우수한 업소에 위생 등급을 지정하여 공개하는 제도입니다.

음식점 위생 등급은 '매우 우수', '우수', '좋음' 등 3등급으로 지정되며, 사장님의 가게가 믿고 찾을 수 있는 음식점이라는 점을 적극적으로 홍보할 수 있는 수단 중 하나입니다.

식약처로부터 위생 등급 인증을 받은 업소는 배달의민족 앱에 인증 마크가 노출됩니다. 고객의 입장에서는 당연히 위생 등급 인증 마크가 있는 업소가 더 눈에 띄고 주문으로 이어질 가능성이 높습니다.

위생 등급을 인증받은 업소는 위생 등급 인증 기간인 2년간 배달의민족 앱에 노출되는데 대부분의 업소들이 위생 등급 인증이 없다는 것을 배민 앱에서 확인할 수 있습니다.

그래서 창업하기 전이라면 식약처에 위생 등급을 받고 시작하는 것을 적극 추천합니다. 영업 직전이 가장 청결한 상태이기 때문에 위생 등급을 받는 것도 수월하기 때문입니다.

신청 방법은 식약처, 시도 또는 시군구에 신청하면 됩니다. 온라인으로는 식품안전나라 홈페이지를 통해 신청할 수 있으며 우편, 방문 접수도 가능합니다. 평가 수수료는 무료입니다.

신청 시 위생 등급 컨설팅 실시와 위생 등급 지정에 필요한 위생 용품도 지원받을 수 있습니다.

평가 항목은 3개 분야(기본/일반/공통), 64개 항목으로 구성되어 있으며 취득 환산 점수가 80점 이상인 경우 좋음, 85점 이상 우수, 90점 이상 매우 우수로 지정됩니다.

또한 최근 3개월 내 식품위생법 위반으로 행정처 결정 사항을 받은 경우에는 그 이력도 노출이 됩니다. 식품위생법 위반으로 영업 정지 처분을 받게 되면 배달의민족 앱 광고 또한 노출이 중단됩니다.

위생 등급제를 인증받은 음식점은 위생 등급제 표지판을 받아 가게에 비치하여 좋은 이미지를 고객에게 심어줄 수 있습니다. 그리고 무엇보다 식품위생 출입, 검사가 2년간 면제되기 때문에 맘 편히 장사를 할 수도 있습니다.

사장님의 가게를 위해 창업하기 전 일주일 정도의 시간만 투자하여 식약처로부터 위생 등급을 부여받고 시작하시길 바랍니다.

부가세 신고 내역을
확인하라

배달의민족에서 발생한 '바로 결제' 매출을 사장님 광장 – 셀프서비스 – 부가세 신고 내역을 통해 한눈에 쉽게 볼 수 있습니다.

매출 구분을 보면 기타 매출, 카드 매출, 현금 매출로 나누어집니다. 매출 구분은 고객이 바로 결제를 통해 결제하고 결제 수단에 따라 세 가지로 나눠지는 것입니다. 즉, '만나서 결제' 주문 건들은 합산되지 않은 금액입니다. 그래서 위 세 가지로 나누어진 매출들은 모두 빠짐없이 신고해야 합니다.

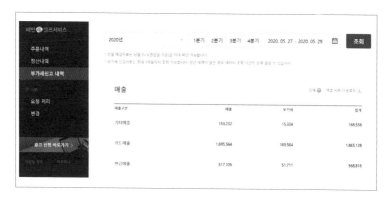

하지만 현금 매출은 사장님 사업자 번호로 현금 영수증이 발행된 금액입니다. 그러므로 홈택스에서 제공하는 현금 영수증 매출과 중복되지 않도록 주의해야 합니다.

실제로는 사장님이 고객에게 직접 현금 영수증을 발행해주지 않았지만 고객이 바로 결제를 통해 현금으로 결제 금액을 지불하면서 현금 영수증을 신청하여 사장님 사업자 번호로 현금 영수증이 발행된 것입니다.

현금 매출 중복 신고 방지를 위해서는 국세청 홈택스에서 제공하는 현금 영수증 매출이 배달의민족에서 제공하는 현금 매출과 가게에서 직접 고객에게 발행한 현금 영수증 매출과 동일한지 비교 후 부가가치세 신고서를 작성해야 합니다.

국세청 현금 영수증 매출 = 배달의민족 현금 매출 + 고객에게

직접 발행한 현금 영수증 매출

월 기장료를 지불하고 고용한 세무사 또는 사장님의 잘못된 생각으로 홈택스에서 제공하는 현금 영수증 매출과 배달의민족에서 제공하는 현금 매출을 중복으로 신고하는 경우가 종종 있습니다. 세무사 또는 사장님 모두 배달의민족에서 제공하는 현금 매출에 대해 안일하게 생각하고 넘어가기 때문에 발생하는 일입니다.

만약 매출 중복 신고로 인해 세금을 더 많이 납부하였다면 경정 청구를 통해 돌려받을 수도 있습니다. 경정 청구 기한은 신고 기간 경과 후 5년 이내입니다.

　배달의민족에서 바로 결제 매출을 세 가지로 매출 구분을 하는 이유는 사장님이 부가가치세 신고를 할 때 카드 매출, 현금 매출은 신용카드/현금 영수증 발행분에 기입을 하여 신용카드 등 세액 공제(1.3%, 2022년부터는 1%)를 받아야 하며 기타 매출은 기타(정규 영수증 외 배출분)에 기입하여 신고해야 하기 때문입니다.

　돈을 벌기 위해 시작한 사업인 만큼 최소한의 세무 공부를 통해 쓰지 않아도 될 돈을 아낄 수 있기를 바랍니다.

4

다른 배달 앱은
사장님 편일까?

요기요와
배달의민족의 차이

 딜리버리히어로는 독일의 음
식 배달 서비스 회사입니다. 2011년 11월 유한회사 알지피코리아라
는 이름으로 한국 네트워크를 설립하고 2012년 8월 요기요라는 브
랜드명으로 배달 앱 서비스를 시작했습니다. 쉽게 말해 독일 회사가
대한민국에서 요기요라는 배달 앱으로 수익을 창출하고 있는 것입
니다. 그 후 업계 3위였던 배달통을 인수하고, 배달의민족까지 인수
합병을 시도했지만 배달 플랫폼업계 1~3위의 앱을 다 장악한 독과
점에 대한 제제를 고려했는지, 배달통은 현재 폐지되었습니다(쿠팡이
츠가 등장하면서 배달통이 3위 자리를 손쉽게 내줘 점유율이 곤두박질치게 된 것이 폐지
되는 데 일부 역할을 하기도 했습니다). 그리고 공정거래위원회는 배달의민
족 인수합병에 대해 요기요를 매각하는 조건부 승인을 하였고 요기
요는 2021년 8월 13일 8,000억 원에 GS리테일에 매각되었습니다.

요기요는 배달의민족과 달리 사장님이 원하는 모든 행정동에 가게
를 노출시킬 수 있습니다. 그리고 기본적으로 배달의민족처럼 울트

라콜 상품을 운영하는 것이 아니라 원하는 모든 행정동에 무료로 노출시켜 주는 대신, 음식 금액에 대해 주문 중개 수수료를 부과하고 있습니다.

요기요는 멀리 위치한 행정동에도 광고비 없이 노출시킬 수 있는 장점이 있으나 배달 행정동을 넓게 잡는 것은 바람직한 방법이 아닙니다. 가까운 곳에 있는 고객을 많이 만드는 것이 중요합니다. 장사가 잘 안돼서 힘든 사장님이 최후의 수단으로 배달 구역 확장이나 영업시간을 늘리는 방법을 사용합니다.

요기요는 등록 음식점들을 해당 행정동에 한 번만 노출시켜 줍니다. 주문 중개 수수료는 13.75%(부가세 포함)로 정해져 있으며 요기요가 활성화되지 않은 지역은 간혹 프로모션을 통해 주문 중개 수수료를 8.8%(부가세 포함)로 계약할 수도 있습니다.

그리고 프랜차이즈 가맹점일 경우에는 프랜차이즈와 요기요가 맺은 수수료율로 주문 중개 수수료가 부과됩니다. 고객이 요기요를 통해 '바로 결제' 주문을 한다면 사장님은 주문 중개 수수료 13.75%에 외부 결제 수수료 3.3%까지 무려 총 17.05%를 요기요에게 주는 것입니다.

과거의 얘기지만, 요기요는 2013년 6월 입점 음식점을 대상으로 최저가 보장제를 일방적으로 시행하고 전화 주문이나 다른 배달 앱으로 더 싼값에 음식을 팔지 못하게 강요했습니다. 최저가 보장제는 요기요 가격이 다른 경로를 통해 주문한 가격보다 비싸면 소비자에게 차액의 300%(최대 5,000원)를 쿠폰으로 보상해주는 제도였습니다.

즉, 요기요 수수료가 만만치 않다 보니 사장님들은 요기요에서 배달료를 더 받아 수수료 부분을 조금이라도 해결하고자 했고, 소비자들은 더 저렴한 주문 경로를 통해 주문을 하다 보니 경쟁에서 밀려 이런 제도를 시행한 것으로 보입니다. 요기요는 자체적으로 최저가 보장제가 준수되고 있는지 직원까지 동원해 요기요 입점 음식점에 가격 문의까지 한 것으로 나타났습니다. 2013년 7월부터 2016년 12월까지 144개 음식점을 적발해 가격 조치를 취하도록 했고, 이에 응하지 않은 43개의 음식점과는 계약을 끊었습니다.

공정거래위원회에서 이러한 문제들을 적발했는데, 영세한 음식점을 상대로 가격 결정 등 경영 활동에 간섭하면 법 위반이 될 수 있다는 점을 명백히 했다며 과징금 4억 6,800만 원을 부과했으며 요기요는 2016년 최저가 보장제를 즉시 중단했습니다.

요기요가 밀어주는
사장님

 요기요는 철저하게 장사를 잘
하고 열심히 하는 사장님을 밀어주고 있습니다. 즉, 요기요를 통해
고객이 주문을 했는데 만족도가 떨어져 다른 배달 앱으로 고객이 유
출되는 것을 막기 위한 것으로 보여지기도 합니다.

하나의 예로, 요기요는 배달의민족에서 폐지한 우수업소 선정을
아직도 변함없이 진행하고 있습니다. 매월 우수 음식점을 선정해 잘
하는 사장님을 더 밀어주는 것입니다.

요기요는 매월 1일 휴대폰 문자를 통해 우수 음식점 선정 사실을
안내해주고 있습니다. 선정 기준은 주문 건수, 주문 성공률 등의 활
동지수와 고객들의 클린 리뷰 평점을 분석하여 선정하고 있습니다.
요기요 우수 음식점에 선정되면 가게 상호명 옆에 우수 인증 마크를
노출시켜 줍니다.

또한 요기요 앱에서 카테고리별로 상위 노출되는 기준은 주문이
가장 많이 발생해 인기가 높은 음식점 순으로 노출이 됩니다. 리뷰 수

도 노출 기준에 반영되며, 신규업소는 2주간 상호명 옆에 NEW라는 마크가 주어집니다. 신규업소의 경우 2주 동안 상위 노출과 가게를 2 번 노출시켜 줌으로써 주문으로 많이 이어질 수 있도록 밀어주고 있습니다. 하지만 결국에는 주문 수와 리뷰 수를 반영해서 카테고리별로 고객에게 만족도를 줄 수 있는 업소들을 상위 노출시켜 줍니다. 그로 인해 많은 고객이 만족하고 요기요 서비스를 꾸준하게 사용할 수 있도록 사장님을 통해 고객을 유치하고 있습니다.

  카테고리별로는 우리동네 플러스 – 슈퍼레드위크 추천 – 요기요 등록 음식점 순으로 가게가 노출되고 있으며 슈퍼레드위크 추천 영역 내에는 이벤트를 진행하는 프랜차이즈 가맹점이 노출되고 있습니다. 할인을 하는 프랜차이즈 가맹점을 한 번 더 상위에 노출시켜 줌으로써 고객은 할인을 진행하고 있는 프랜차이즈를 먼저 볼 수 있는 것입니다. 사장님 가게가 프랜차이즈가 아니라면 아무리 열심히 노력해도 요기요에서는 제일 하단에 노출되는 요기요 등록 음식점 영역 내에서만 상위 노출이 가능합니다.

  요기요 앱에서 사장님의 가게를 의도적으로 상위에 노출시키고 싶은 경우 우리동네 플러스라는 영역 내에 들어가는 방법밖에 없습니다. 우리동네 플러스 영역에 들어가기 위해서는 돈을 지불해야 됩니다.

  요기요 앱을 실행하면 공지사항, 카테고리가 먼저 보이고 할인하는 음식점, 요즘 뜨고 있는 음식점, 배달비가 무료인 음식점, 최근 7일 동안 리뷰가 많은 음식점, 가장 빨리 배달되는 음식점, 신규로 오픈한 음식점들을 순서대로 나열해서 노출시켜 주고 있습니다. 즉, 고객이 만족할 수 있는 음식점들을 더 노출시켜 주문으로 이어질 수 있도록 도와주고 고객의 만족도가 떨어지는 음식점들은 요기요 앱 내에서 찾기 힘들 정도의 영역에 노출시켜 주고 있습니다. 설령 고객이 그런 음식점을 찾는다 하더라도 이미 더 평판이 좋은 가게를 보고 난 뒤라 주문으로 이어질 가능성은 더욱 낮아집니다.

요기요에서는 프랜차이즈가 아닌 개인 브랜드를 영위하는 사장님이 단독적으로 좋은 아이디어로 뭔가를 주도할 수 없도록 모든 조치가 되어 있는 듯한 느낌입니다. 요기요를 부득이하게 사용해야 하는 경우 월정액 광고비 또는 1만 원 이하 주문 중개 수수료 면제라는 항목을 잘 활용하는 것이 최선의 방법일지도 모릅니다.

요기요
우리동네 플러스

요기요는 경매를 통해 요기요 앱 카테고리 내 최상단에 노출시킬 수 있는 상품으로 우리동네 플러스 상품을 운영하고 있습니다. 매월 사장님이 직접 제시하는 입

찰가에 따라 상단 노출 순위가 결정됩니다.

우리동네 플러스 영역 내에는 행정동 및 카테고리별로 3개의 가게만 노출이 됩니다. 제일 높은 입찰가를 적어낸 3명의 사장님만 한 달 동안 카테고리 내 최상단에 고정 노출이 되는 것입니다.

입찰 기간은 매달 1일 오전 10시부터 마지막 주 목요일 오후 5시까지입니다. 낙찰 결과는 입찰 마감일인

해당 월 마지막 목요일 오후 6시에 확인할 수 있습니다. 광고 기간은 다음 달 1일 0시부터 말일 24시까지이며 기간 내에 입찰을 하지 못했더라도 빈자리가 있다면 바로 구매라는 서비스를 이용해 우리동네 플러스 영역 내에 가게를 고정 노출시킬 수 있습니다.

바로 구매 기간은 해당 월 마지막 목요일 21시부터 다음 달 10일 24시까지입니다. 광고 노출 기간은 구매 즉시 혹은 다음 달 1일 0시부터 다음 달 말일 24시까지입니다.

입찰 및 바로 구매를 사용하려면 요기요 사장님 사이트에서 비즈 머니를 충전해야 하며, 비즈 머니 충전은 신용카드 또는 가상 계좌로 입금할 수 있습니다.

요기요 광고 플랫폼은 카테고리마다 1번만 노출시켜 주는 시스템입니다. 그리고 주문 금액에 13.75%라는 큰 수수료를 지불해야 합니다. 그러므로 적게는 몇만 원, 많게는 천만 원까지 지불하면서 우리동네 플러스에 노출되도록 입찰할 이유가 없습니다.

배달의민족에서도 우리동네 플러스와 비슷한 상품인 슈퍼 리스트가 있었습니다만 2016년 출시 후 약 3년만에 폐지되었습니다. 그후 2019년 5월 1일부터 앞에서 설명했던 오픈 리스트라는 상품을 운영하고 있습니다.

슈퍼 리스트와 달리 요기요 우리동네 플러스가 폐지되지 않는 이유는 외국 기업인 딜리버리히어로에서 요기요를 운영하고 있기 때문에 수단과 방법을 가리지 않고 수익을 많이 창출하면 된다고 생각하기 때문입니다. 이제 외국 기업에서 배달의민족을 인수하게 되었기에 슈퍼 리스트와 같은 광고 상품이 다시 부활할 가능성도 높다고 여겨집니다. 그리고 요기요가 GS리테일로 매각됨으로 인해 앞으로 어떻게 요기요를 운영하여 외국 기업인 배달의민족, 쿠팡이츠를 위협할지 지켜봐야 합니다.

주문 중개 수수료 없이
요기요를 이용하는 방법

요기요는 주문 금액에 따라 주문 중개 수수료를 부과하고 있습니다. 하지만 사장님들의 수수료 부담을 줄여주기 위한 상생 정책으로 2018년 11월 15일부터 수익성이 낮은 1만원 이하 주문 건에 대해서는 수수료를 폐지하였습니다.

예를 들어 음식 금액과 배달료를 포함해 최종 결제 금액이 1만원이 넘지 않는다면 수수료는 부과되지 않습니다. 그리고 할인이 적용된 주문인 경우에는 할인 전 전체 금액이 1만원 이하여야 수수료가 부과되지 않습니다. 하지만 손님이 온라인상에서 결제를 하였다면 외부 결제 수수료(3.3%)는 부과됩니다.

1만원 이하 주문 건에 대해 수수료를 납부하고 싶지 않다면 최소 주문 금액을 1만원 이하로 설정해 놓아야 합니다. 그리고 1만원 이하 주문을 받을 수 있도록 고객에게 메뉴와 설명으로 유도해야 합니다. 1만원 이하 주문은 수수료가 부과되지 않아 좋은 것처럼 보일 수 있지만 이익을 먼저 계산해서 1만원 이하 주문을 받는 것이 좋은지 안 좋은지 판단을 내려야만 합니다.

예를 들어 사장님이 요기요를 통해 주문을 받았습니다. 주문 금액이 9,900원이라면 주문 중개 수수료가 부과되지 않아 외부 결제 수수료만 3.3% 부과되어 327원을 제외한 9,573원을 요기요에서 입금받을 수 있습니다. 주문 금액이 12,000원일 때에는 주문 중개 수수료 1,650원(13.75%)과 외부 결제 수수료 396(3.3%)원이 부과되어 9,954원을 입금받을 수 있습니다. 요기요 수수료 측면에서만 본다면 사장님은 9,900원짜리 음식이 주문 들어왔을 때 12,000원 주문을 받는 것보다(2,046원 - 327원) 1,719원이 덜 지출되었습니다. 사장님은 요기요를 통해 12,000원짜리 음식을 파는 것보다 9,900원짜리 음식을 팔면 판매 비용 측면에서 1,749원을 아낄 수 있습니다.

그러므로 정확한 원가 계산을 하고, 배달 비용 등을 고려해서 10,000원 이하 주문 건을 받는 것이 더 나은지 판매 시뮬레이션을 해볼 필요가 있습니다.

만약 10,000원 이하 주문을 통해 많은 주문을 발생시키고 이익이 생긴다면 요기요에 수수료를 납부하지 않을 수 있어 이익을 높일 수 있습니다.

요기요는 주문 금액에 따라 수수료가 부과되는 방식이기 때문에 이를 역이용해 일부러 주문이 들어오지 않도록 비싼 가격에 메뉴만 등록해 놓고 홍보 용도로 사용하는 꼼수를 방지하고자 사장님 알림

등록 시 업체의 주소지 또는 전화번호를 기재한 경우, 전화 주문을 유도하는 경우, 직거래(방문/홀/포장)를 유도하는 경우에는 사장님 알림을 반려시키고 있습니다.

결과적으로 (요기요에 매달 돈을 들이고 안 들이고를 떠나서) 요기요는 사장님이 단독적으로 가게 홍보를 해서 고객을 직접적으로 유치하지 못하도록 막고 있습니다.

요기요를 배민처럼
월정액 고정비로

 많은 사장님이 요기요는 무조

건 주문 금액에 따라 주문 중개 수수료(13.75%)를 지불해야 사용할 수

있다고 잘못 알고 있습니다. 하지만 요기요도 배달의민족처럼 월정

액 고정비 상품이 있습니다. 월정액 광고비는 87,890원(부가세 포함)입

니다.

사장님이 배달 가고자 하는 행정동마다 월정액 광고비를 납부해야

하는데, 월정액 광고비를 납부하게 되면 주문 금액에 따른 주문 중개

수수료 13.75%가 부과되지 않습니다.

배달의민족과 달리 깃발을 꼽아 깃발 반경 내에 가게를 노출시켜

주는 것이 아니라 월정액 광고비를 지급하고 가입한 행정동 모든 구

역 내에 가게가 노출됩니다.

사장님이 배달 가는 행정동이 5개이면 87,890원×5 = 439,450원

입니다. 그러므로 주문 금액에 따른 주문 중개 수수료를 지불하는 방

식으로 요기요를 사용하지 않고 월정액 고정비 상품을 이용하기 위해서는 하나의 행정동에서 640,000원 이상 주문이 들어와야 합니다 (640,000원×13.75% = 88,000원).

만약 사장님의 요기요 매출 금액이 배달 가는 행정동 1개당 평균 640,000원이 넘는다면 월정액 고정비 상품을 사용하는 것이 좋습니다.

쉽게 말해 배달 가는 행정동이 10개이고, 요기요에서 발생하는 매출이 6,400,000원 이상이라면 주문 금액에 따른 주문 중개 수수료는 매출 6,400,000원×수수료 13.75%＝880,000원이 지출됩니다. 월정액 고정 상품을 사용하면 행정동 10개×87,890원＝878,900원이 지출됩니다. 이러한 경우는 월정액 고정 상품을 사용하는 쪽이 계산상 이득이 되는 것입니다.

주의할 사항은 사장님의 배달 행정동이 A와 B가 있을 때 A 행정동은 월정액 광고비를 지불하고 B는 주문 중개 수수료를 지불하는 식으로 양쪽을 병행하는 방식은 불가능하다는 점입니다.

그렇기 때문에 주문 중개 수수료는 원하는 행정동에서 모두 주문을 받을 수 있는 반면 월정액 광고비는 주문 금액이 640,000원 이상 나오는 행정동에만 월정액 광고비를 내고 이용하는 것이 유리해서 몇몇의 배달 행정동을 포기해야 되는 경우도 있습니다. 하지만 평균적으로 요기요 주문 금액이 받쳐 준다면 위와 같이 계산을 통해 배달 행정동을 포기하지 않아도 됩니다.

월정액 고정비 상품은 매월 1일부터 15일까지 가입 신청을 받고 있으며, 가입 신청이 완료되면 다음 달부터 주문 중개 수수료를 부과하지 않고 월정액 광고비로 요기요를 사용할 수 있습니다. 간혹 배달 행정동이 몇 개 없는 특수적인 상권에서는 요기요를 배달의민족처럼 활용할 수 있습니다.

요기요 정산 방식과
타임 할인

요기요 정산 방식은 매주 목요일부터 다음 주 수요일까지 바로 결제 금액을 공휴일을 제외하고 5일 뒤에 입금이 되는 방식입니다(다음 페이지 표 참고). 그렇기 때문에 목요일에 결제된 금액은 최대 기간인 2주 뒤 수요일에 정산을 받는 것과 마찬가지이며 수요일에 결제된 금액은 최소 기간인 그 다음 주 수요일에 정산을 받게 됩니다.

요기요는 바로 결제, 만나서 결제 등 결제 방식에 상관없이 모든 터치 주문 건에 대해 수수료 13.75%(부가세 포함)가 발생하기 때문에 실제로 바로 결제 금액이 100만 원이고 만나서 결제 금액이 50만 원이라면 요기요 수수료만 206,250원(1,500,000원×13.75%)에 외부 결제 수수료 33,000원(1,000,000원×3.3%)이 더해져 실제로 최대 2주를 기다려 정산받는 금액이 760,750원밖에 되지 않는 것입니다.

열심히 요기요 앱을 통해 음식을 판매하더라도 위와 같은 경우 바로 결제 주문 금액의 4분의 1을 요기요에게 떼주는 셈이며 정산 또한

최대 2주 뒤에 되기 때문에 원활한 자금 운영이 힘들 수 있습니다.

요기요 정산 금액보다 수수료(주문 중개 수수료, 외부 결제 수수료, 단말기 이용료, 월정액 광고비 등)가 클 경우 계좌 이체를 통해 요기요에 별도로 납부해야 합니다.

요기요는 사장님이 원하는 시간대에만 원하는 %를 고객에게 할인해줄 수 있습니다. 할인 최소 설정은 2시간으로 정해져 있으며 할인 %는 최소 5%에서 50%까지 설정할 수 있습니다.

할인시간은 영업시간을 초과하여 설정할 수 없으며 설정일을 포함하는 전, 후 7일의(휴무일 포함) 총 영업시간에서 50% 이내로 설정이 가능합니다. 하루에 12시간을 영업시간으로 설정한 사장님의 경우 주 영업시간이 84시간이기 때문에 42시간 내에서 할인을 설정할 수 있습니다. 요기요는 정액제 할인이 아닌 정률제 할인만 가능합니다.

배달 앱 경쟁에 참여한 쿠팡이츠

 쿠팡은 2019년 5월 쿠팡이츠를 선보이며 배달 앱 시장에 참여했습니다. 당시 쿠팡이츠는 기존 배달 앱과 다르게 배달비 무료, 최소 주문 금액 0원, 30분 내 로켓 배달의 세 가지 특징을 내세우며 등장했습니다. 그리고 단건 배달을 앞세워 일부 지역에서는 배달의민족과 점유율이 비슷해졌습니다. 하지만 손해가 커지자 현재는 배달료와 최저 주문 금액을 모두 적용하고 있습니다.

쿠팡이츠 수수료는 주문 중개 수수료, 카드 수수료 및 결제 이용료, 배달비로 나눠집니다. 프로모션 기간 중에는 주문 중개 수수료 1,100원, 카드 수수료 및 결제 이용료 3.3%, 배달비 5,500원이 적용되지만 프로모션 기간이 끝나면 주문 중개 수수료 16.5%, 배달비 6,600원이 발생합니다(카드 수수료 및 결제 이용료는 동일). 프로모션은 쿠팡이츠의 사정에 따라 적용 기간이 연장될 수 있습니다. 프로모션 기간이 끝난 후 발생하는 주문 중개 수수료 16.5%는 배달 앱 3사(배민, 요기요. 쿠팡이츠) 중 제일 높은 수수료율입니다.

배달비는 쿠팡이츠의 배달 파트너인 '쿠리어'에게 지불되는 금액이며, 중개 수수료는 쿠팡이츠에게, 결제 수수료는 결제 대행사에게 지불되는 금액입니다.

쿠팡이츠는 일반인 배달 기사인 쿠리어를 직접 고용하고 있기에 다른 배달 앱보다 수수료가 높습니다. 쿠리어는 일반 배달 대행기사와는 달리 1인 1배차를 하고 있기 때문에 빠른 배달이 장점입니다. 하지만 전문 배달원이 아닌 일반인도 배송하기 때문에 음식이 식거나 하는 경우도 있습니다. 그러므로 배달 전문성이 떨어질 수밖에 없습니다. 또한 쿠리어는 본인이 원하는 시간대에만 일하기 때문에 배달 요청을 수락한 쿠리어가 없을 경우 배달이 기약 없이 밀릴 수 있습니다.

대신 쿠팡이츠를 통해 주문하면 실시간으로 배달 기사의 위치를 확인할 수 있다는 장점도 있습니다. 쿠팡이츠는 가게 실제 주소지로부터 반경 4km까지 고객에게 노출됩니다.

결국 쿠팡이츠도 다른 배달 앱과 마찬가지로 사장님에게 모든 수익을 취하고 취한 수익을 고객에게 돌려줌으로써 고객에게 좋은 이미지만 구축하고 있습니다.

이러한 배달 앱을 통해 매출을 향상시킬 수는 있지만 이익은 줄어들 수밖에 없습니다.

　장사를 하는 이유는 돈을 벌기 위해서입니다. 즉, 이익을 많이 남기기 위해서인데 많은 사장님이 매출에만 매달려 배달 앱에 가입하고 있습니다.

　배달 앱을 사용하면 매출이 아무리 늘어나도 이익은 적어지기 때문에 자영업자는 딜레마에 빠지게 됩니다. 배달 앱에 종속되면 자칫 가게를 창업하는 것보다 남 밑에서 일하는 것이 더 많은 돈을 벌 수 있는 아이러니한 상황이 벌어지기도 합니다. 창업하기 전 초심을 돌이켜 보고 사장님이 왜 창업을 하려고 했는지 되짚어 보기 바랍니다.

5

사장님을 위한
배달 전문점 창업과
운영 노하우

중요한 것은
매출이 아니다

 장사를 하는 이유는 돈을 벌기 위해서입니다. 돈을 벌어 행복한 삶을 꿈꾸기도 합니다. 그래서 많은 사장님이 매출에 연연합니다. 안타깝게도 아무리 매출이 많더라도 이익이 발생하지 않거나 적으면 아무 의미가 없습니다.

돈을 벌기 위해 장사를 시작했기 때문에 얼마를 파느냐가 중요한 것이 아니고 얼마를 버느냐가 중요한 것입니다. 높은 매출을 올리기 위해 정신적인 스트레스와 강도 높은 노동력을 투자했더라도 이익이 남지 않으면 무용지물입니다.

한달에 3,000만 원의 매출을 올리고 500만 원 이익이 남는 가게가 있는 반면, 1,500만 원의 매출을 올리고 500만 원의 이익이 남는 가게가 있습니다. 사장님은 어느 가게를 운영하겠습니까? 당연히 후자를 선택할 것입니다.

그렇기 때문에 적게 팔고 많이 남기는 장사를 해야 합니다. 매출에 연연하지 말고 이익에 집중해서 적게 일하고, 스트레스 없이, 적은 노동력으로 가게를 운영해야 합니다. 그래야 장사하는 것이 지루하지 않고 행복할 수 있습니다. 아침마다 싫증나는 출근이 아니라 즐거운 출근이 되는 것입니다. 오래 장사할 수 있는 이유이기도 합니다.

매출보다 이익에 집중하기 위해서는 매출 원가를 알아야 합니다. 프랜차이즈일 경우 임의로 매출 원가를 줄일 수 없지만 개인점의 경우 사장님의 노력 여하에 따라 매출 원가를 줄일 수 있습니다. 무조건 저렴한 재료를 구입하라는 뜻이 아니라 좋은 재료를 싸게 매입해야 되는 것입니다. 매출 원가를 알고 난 뒤 변동비와 고정비를 줄이면 이익을 극대화시킬 수 있습니다.

변동비와 고정비는 매출을 일으키기 위해 간접적으로 발생하는 비용으로 직원 급여, 광고 선전비, 지급 수수료, 수도 광열비, 소모품비, 통신비 등이 있습니다.

매출이 아닌 순이익에 관심을 가지고 장사를 하면 목표 이익을 달성하기 위해 얼마를 팔아야 하는지 역으로 계산이 됩니다. 즉, 관리 회계를 사장님 가게에 접목시킬 수 있는 것입니다. 그러므로 무작정 매출을 올리기 위해 막무가내로 영업시간을 늘리고, 할인 행사를 하고, 돈이 들어가는 홍보를 하는 사장님과는 비교할 수 없을 만큼 현명한 사장님이 될 수 있습니다.

또 하나 중요한 점은 한 달에 사장님이 얼마를 벌었는지 정확하게 알 수 있습니다. 대부분의 사장님은 한 달에 정확하게 얼마를 벌었는지 잘 모르고 감으로 '이번 달에는 이 정도 벌었네.'라고 합니다. 듣는 사람 입장에서는 답답하고 믿을 수가 없습니다.

이익에 집중하고 알게 될수록 사장님 가게를 매매할 때도 도움이 됩니다. 매출, 매출 원가, 판매비와 관리비가 일목요연하게 정리되어 있기 때문에 가게를 보러 온 사람도 그 어느 가게보다 메리트를 느끼며 다가올 수밖에 없습니다.

대부분의 사장님이 이익보다는 매출에 집중하기 때문에 이익에 집중하는 사장님은 특별해질 수 있습니다. 이익을 계산하는 방법, 손익 계산서를 작성하는 법 등이 막연하고 어렵게 느껴질 수도 있습니다. 하지만 회계사 공부를 하는 것이 아니고 가게에 적용될 수 있는 부분만 골라서 조금만 공부한다면 어느덧 손쉽게 적응할 수 있게 됩니다.

그리 어렵지 않은 손익 계산서 작성을 통해 사장님 가게의 문제점을 찾아 해결하고 이익을 극대화시켜 하루하루가 재미있는 경영자 라이프를 즐기기 바랍니다.

배달 직원 VS 배달 대행

 배달 전문점을 창업하는 경우나 배달을 해야 하는 사장님이라면 배달 직원을 고용할지 배달 대행을 사용할지 많은 고민이 됩니다.

어느 쪽을 택할지는 사장님이 처한 상황, 성격, 비용 등에 따라 장단점을 살펴보고 결정해야 합니다.

배달 대행은 금전적인 면에서 월 회비(5만원~10만원)와 건당 배달 대행 요금만 지불하면 되는 반면, 배달 직원을 고용할 경우 오토바이 구입비, 보험료, 취등록세, 주유비, 수리비 및 유지비, 감가상각비, 직원 급여, 식비가 발생합니다. 그러므로 배달 직원을 고용했을 때 들어가는 비용과 배달 대행 비용을 비교해 봐야 합니다.

예를 들어 한달 배달 건수가 1,000건이고, 건당 요금이 3,000원이라면 배달 대행을 사용했을 경우 300만 원이 지출됩니다. 직원을 고용하는 경우 사장님 상황에 따라 다르지만 1년 보험료가 300만 원이라면 한 달 보험료 25만 원, 주유비 10만 원, 수리비 및 유지비와 감가상각비 15만 원, 식비 20만 원으로 책정할 경우 직원의 급여는 230만 원 만큼의 시간을 고용해야 합니다.

오토바이 배달용 보험은 사장님 상황에 따라 적게는 100만 원부터 300만 원을 넘기도 합니다. 그렇기 때문에 배달을 할 직원의 연령대를 알고 보험사에 보험료 견적을 미리 받아야 합니다.

만약 비용이 동일하게 들어간다면 배달 대행이 더 나을 수 있습니다. 왜냐하면 배달 주문이 단시간에 많이 몰리게 되면 배달 직원 1명이 한 시간에 배달할 수 있는 건수가 한정되어 있는 데 비해 배달 대행업체는 단시간에 많은 콜을 불러도 여러 명의 기사가 동시다발적으로 배달을 하기 때문입니다. 이로 인해 더 많은 주문을 소화해 낼 수 있습니다.

반면 배달 직원을 고용한 경우 조용한 시간대에 가게 잡일을 거들어 줄 수 있는 장점이 있습니다. 배달 대행은 오로지 배달만 대신해 주기 때문에 가게 잡일은 사장님 혼자서 해야 하는 수고로움이 있습니다.

고정적으로 출근하는 배달 직원이 있으면 급하게 식자재를 사러 마트를 가야 할 경우 심부름도 보낼 수 있고, 무거운 짐이나 주방 보조 역할도 해줄 수 있습니다. 사장님의 육체적 노동을 덜어줄 수 있는 것이지요.

하지만 교통사고라는 변수가 있기 때문에 배달 직원을 고용하고 있더라도 배달 대행에 가입해 두는 것이 좋습니다. 또한 직원이 갑작스레 출근을 하지 않을 경우에도 배달 대행의 도움을 받아야 하기 때문에 배달을 하는 가게라면 배달 대행 가입은 필수입니다.

사장님이 사람에게 스트레스를 많이 받는 성격이라면 배달 대행을 사용하는 것이 나을 수 있습니다. 배달 직원이 있으면 가게에 계속 머무르기 때문에 눈에 보이는 스트레스가 이만저만이 아닙니다. 배달 대행을 사용한다고 스트레스가 없는 것은 아니지만 배달 직원보다는 적을 것입니다. 특히 초보 사장님이라면 배달 직원이 교통사고가 나거나, 출퇴근이 제대로 되지 않을 때 받는 정신적 스트레스가 어마어마할 것입니다. 이런 스트레스를 받기 싫은 사장님은 금전적인 문제를 뒤로 하고 배달 대행을 사용하는 것이 더 나을 수 있습니다.

배달 직원 고용 비용보다 배달 대행 사용 비용이 크더라도 사장님이 스트레스 덜 받는 것이 우선이라면 배달 대행을 사용하는 것이 좋습니다.

저는 배달 직원을 한 명 두고 배달 대행을 적절히 섞어 사용했습니다. 조용한 시간대에는 배달 직원이 배달은 물론 가게 잡일까지 도와주고 바쁜 시간대에는 배달 직원 혼자 소화하지 못하기 때문에 배달 대행을 병행해서 사용했습니다.

배달 직원과 배달 대행 사용 여부는 사장님과 가게 상황을 고려한 시뮬레이션을 통해 예상해 보고 결정하면 됩니다.

배달 대행업체를
잘 활용하라

 배달 전문점뿐만 아니라 홀 매

장, 테이크아웃 매장까지 배달하는 시대입니다. 이미 배달 대행업체

가 정착되었고, 많은 사장님이 배달 대행을 사용하여 고객에게 음식

을 배달합니다.

배달 대행업체마다 상이할 수 있지만 보통 월 회비와 건당 배달료

를 받고 배달을 해주고 있습니다. 고정적으로 월 회비를 받는 배달

대행업체가 있는 반면 월 배달 건수를 기준으로 월 회비를 받는 배

달 대행사도 있습니다. 예를 들면 월 배달 건수가 100건 미만이라면

월 회비는 50,000원, 월 배달 건수가 100건 이상이라면 월 회비를

100,000원 받는 식입니다.

요금 체계 역시 업체마다 달라서 목적지까지의 직선거리로 측정하

는 업체도 있고 행정동 기준으로 측정하는 업체도 있습니다.

물론 월 회비나 배달 대행 요금보다도 배달 대행업체가 기사를 얼

마나 잘 배치하고 빨리 나의 음식을 고객에게 전달해주는가를 중심으

로 배달 대행업체를 선정해야 합니다.

예를 들어 배달 대행업체 대표가 사장님의 입장을 충분히 고려하고 이해해서 기사들이 무리하게 음식을 많이 픽업 못하도록 제한을 하는 대표인지, 기사가 음식을 픽업하고 언제 갖다주든 별 관심이 없는 대표인지 등을 알아보고 판단해야 합니다. 배달 대행업체의 대표와 대행기사들의 마인드가 중요한 것입니다.

월 회비 또는 대행 요금이 저렴하다는 이유만으로 문제가 있는 배달 대행업체를 선택하게 되면 사장님의 음식이 고객에게 언제 전해질지도 모르고 고객은 불만족스러울 수밖에 없습니다. 배달 대행 요금 조금 아끼려다 고객을 놓치고 이런 과정이 반복되면 가게를 잃어버리게 됩니다.

배달 대행업체를 잘 활용하기 위해서는 배달 대행기사의 입장을 생각해 봐야 합니다. 사장님이 배달을 요청할 때 같이 갈 수 있는 배달이 있다면 한 명의 기사가 한 번에 갈 수 있도록 배달 콜을 같이 띄워주면 좋습니다. 기사는 보통 한 번에 여러 배달을 동시에 진행합니다. 그러나 들고 움직일 수 있는 음식의 수에는 제한이 있으므로 여러 건을 같이 요청하면 사장님 가게의 음식만 다루게 되어 조금이라도 더 빨리 배달될 수 있습니다. 기사 입장에서도 다른 가게를 들리는 번거로움이 사라지므로 고마워할 것입니다.

배달 대행기사는 시간을 허비하면 안 되기에 대행기사가 가게에 도착하기 전에 꼭 음식을 조리, 포장까지 완료해 놓는 것이 좋습니다.

배달 대행기사는 사장님이 부른 시간 내에 도착했는데 음식이 5분 동안 나오지 않는다면 어떻게 될까요? 기사의 입장에서는 해당 가게 음식 배달이 싫어질 것입니다. 대행기사도 머릿속에 배달 코스와 시간 구상을 해 놓고 움직이기 때문에 배달 대행기사의 시간을 뺏으면 안 됩니다. 간혹 배달 대행기사가 한가하면 사장님의 입장을 이해해 줄 수 있지만 이런 경우에도 배달 대행기사에게 먼저 시간 양해를 구하고 편히 앉아서 커피 한잔 정도 마시면서 기다릴 수 있는 환경을 만들어주어야 합니다.

배달 대행기사가 마음 편히 화장실도 사용하고 커피도 한잔 대접받을 수 있는 환경이 된다면 사장님 가게 음식은 일사천리로 배달될 가능성이 높습니다.

그리고 배달 대행기사를 동료로서 받아들이고 대해주세요. 사람들은 흔히 배달하는 사람들을 누구나 할 수 있는 직업이라는 이유만으로 하찮게 바라보기도 합니다.

비가 오는 날이나 바람이 많이 불어 날씨가 좋지 않은 날일 경우 배달 대행기사는 그 누구보다 위험하고 힘듭니다. 그런 날이면 대행기사에게 "힘드시죠?", "고생하십니다." 등 함께 공감해줄 수 있는 말들을 전해주세요. 배달 대행기사도 사람이기 때문에 고맙게 느껴지고 친해지면 사장님의 음식을 1순위로 배달해야겠다는 기사의 마음을 얻을 수 있습니다.

배달 대행업체를 선정할 때 사장님의 음식이 원활하게 배달될 수 있는 업체를 선정하고 대행기사들에게 가족 같은 마음으로 대한다면 배달 대행 때문에 스트레스 받고 고민하지 않아도 될 것입니다. 조리, 포장, 배달 삼박자가 잘 맞아 떨어질 때 사장님의 가게는 앞으로 더 나아갈 수 있습니다.

모든 변수를
생각하고 대비하라

 가게를 운영하다 보면 여러 가지 변수들이 발생합니다. 예를 들어 가게 직원이 출근을 하지 않을 때, 배달 직원이 사고가 났을 때, 갑자기 PC가 먹통일 때 등 여러 예기치 못한 일들이 일어날 수 있습니다. 미리 다양한 변수를 생각하고 대처 방안이 준비되어 있어야 합니다.

직원이 갑자기 출근을 하지 않으면 많은 사장님이 스트레스를 받고 고민을 하게 됩니다. 이런 경우 직원 몫을 바로 대신해줄 수 있는 사람이 필요합니다. 그래서 가족이 미리 일을 배워 이런 돌발상황에 대응할 수 있는 여건을 만들어 놓으면 좋습니다.

저는 항상 '직원이 출근하면 출근하는 것이고 안 하면 안 하는 것이다.'라는 마음가짐으로 장사를 했기 때문에 직원 출퇴근 문제로 스트레스를 받고 고민했던 적은 거의 없었습니다.

직원이 출근하면 그냥 평소대로 가게를 운영하면 되고, 출근을 하지 않으면 제가 좀 더 고생해서 알바비 아낀다고 생각하고 가게를 운영했습니다. 출근하지 않은 직원 때문에 제가 더 벌어간다는 생각으로 크게 개의치 않았습니다.

하지만 직원이 출근하지 않으면 1인으로 운영하기 힘든 가게들이 있습니다. 그런 경우에는 이런 리스크를 대비하여 바로 도와줄 수 있는 가족 또는 지인을 미리 준비해야 합니다.

대비를 하지 못했거나 가족 호출이 불가능한 상황에서 직원 한 명때문에 가게 운영이 힘들어질 수 있겠지만 설령 그렇다 하더라도 사장님이 소화할 수 있는 능력치까지만 주문을 받으면 됩니다.

이런 문제 또한 사장님의 마음 먹기에 달려 있다고 생각합니다. 힘들고 짜증난다고 생각하면 그런 하루를 보낼 것이고 즐겁고 고맙다고 생각하면 전자와는 다른 마음가짐으로 하루를 보낼 수 있습니다.

직원이 출근을 안 했는데 사장님이 짜증낸다고 출근을 할까요? 맞닥뜨린 상황에서 긍정적인 마음으로 오히려 출근하지 않은 직원에게 고맙다는 생각을 하며 하루를 보낼 수도 있어야 합니다.

배달 직원이 배달을 하다 보면 사고가 안 난다는 보장은 없습니다. 한 달에 한 번 사고가 나든 1년 동안 무사고로 운영되든 사장님의 관점에서는 어디까지나 운입니다. 그렇기 때문에 이 또한 미리 준비하고 대처 방안을 마련해 놓아야 합니다.

저는 항상 배달 직원에게 큰 사고가 아니라면 혼자 사고 처리하는 방법을 숙지하도록 했습니다.

우선 배달 보험이 가입되어 있는 보험사 고객센터의 전화번호를 저장해 놓는 것은 사장님이든 직원이든 필수입니다. 사고가 났다는 소식을 들었을 때는 머릿속이 하얗게 변해서 어느 보험사에 보험을 가입하였는지 헷갈리거나 생각이 나지 않는 경우가 종종 있습니다. 보험사 전화번호를 꼭 전화번호부에 저장해 놓으세요.

그리고 간단한 접촉 사고 정도라면 직원이 직접 사고를 처리할 수 있는 방법을 가르쳐주면 됩니다. 작은 사고인데 굳이 가게 운영을 중단하고 직접 가서 사고 처리를 할 필요까지는 없습니다. 사고 처리를 하는 방법은 아주 간단합니다.

우선 보험사에 전화해서 사고 접수를 통해 오토바이 번호판과 소유주 성명을 얘기하고 사고 지점 주소지를 전달하면 보험사 직원이 현장으로 나오게 됩니다. 그리고 큰 사고가 아니라면 사고 경위를 설명하고 가게로 돌아가면 됩니다.

직원들 또한 사고 처리를 한 번도 해 보지 않았기에 잘 모를 수 있습니다. 하지만 직원의 사회 경험을 키워주는 계기도 되며 직원도 한층 더 성장할 수 있을 것입니다. 만약 큰 사고가 났을 때는 사장님이 직접 가서 사고 경위를 듣고 현장을 확인하면서 직원의 건강 상태를 살피면 됩니다. 이런 경우 사장님이 잠시 가게를 비우더라도 믿을 만한 누군가 잠시 사장님 자리를 채울 수 있는 사람이 있다면 좋습니다.

사고는 사고대로, 가게 운영은 가게 운영대로 별개로 생각하고 움직일 수 있기 때문입니다. 그래서 이런 변수들을 생각하고 가족들이 가게 일을 할 줄 아는 것이 큰 도움이 될 때가 있습니다.

항상 변수를 생각하고 미리 준비하여 당황하지 않고 침착하게 문제를 해결해 나가길 바랍니다.

오토 매장은
망하는 지름길이다

 가게를 운영하다 보면 귀찮고
힘든 날도 있고 아무 이유 없이 쉬고 싶은 날도 있습니다. 항상 모든
일이 생각한 대로 흘러가지 않기 때문이죠.

그럴 때면 무턱대고 직원에게 가게를 맡겨 두는 경우를 많이 볼 수
있습니다. 그 이유는 노력은 덜 하면서 돈은 많이 벌고 싶어 하기 때
문입니다.

직원은 절대 사장님이 갖고 있는 시각으로 가게 운영을 할 수 없으
며 이해하지 못합니다. 그래서 일을 처리하는 과정이나 문제가 발생
했을 때 해결할 수 있는 능력이 사장님보다 현저히 떨어집니다.

직원은 사장님의 시각을 알고 싶어 하지도 않습니다. 일을 덜 하고
싶은 마음도 사장님과 비슷합니다. 직원은 자기 가게가 아니기 때문
에 시간만 보내고 돈만 벌어가면 됩니다. 가게 직원에게는 가게가 1
순위가 아닙니다.

그래서 직원에게 가게를 맡겨 두는 시간이 많으면 많을수록 배달

의민족 리뷰에서부터 가게 매출까지 점점 차이가 생기기 시작하고 그제야 '아차' 싶어 다시 사장님이 열심히 가게를 운영하는 경우가 많습니다. 하지만 그때는 이미 늦습니다. 한 명의 고객을 잡기 위해 1,000원의 비용이 들어간다면 떠난 고객을 다시 사로잡기 위해서는 수십 배의 비용이 들어갑니다. 불만족스러운 고객 한 명 뒤에는 열 명이 있고 열 명의 고객 뒤에는 백 명이 있습니다. 이들의 입을 통해 사장님의 가게 이미지는 이미 전파되고 있습니다. 잃어버린 신뢰를 회복하는 것은 매우 힘든 일입니다.

저 또한 오토 매장이 망하는 지름길이라는 것을 깨닫지 못하고 운영해 본 적이 있습니다. 단지 직원 월급을 더 주면 제 몫까지 열심히 할 것이라 생각했고 직원의 강한 의지만 믿고 가게를 맡겨 두었습니다. 하지만 3개월도 채 지나지 않아 꾸준하던 매출이 1,000만 원가량 떨어지고 저의 이익은 이미 없어지고 난 뒤였습니다. 그래서 부랴부랴 열심히 발로 뛰고 노력했지만 그동안 까먹은 3개월의 시간을 되돌리기에는 역부족이었습니다. 너무 힘든 하루하루가 지나가고 초기 투자했던 권리금을 모두 회수도 못한 채 어쩔 수 없이 손해 보고 가게를 넘겼습니다.

잠시의 행복을 위해 최소 1년의 시간을 허비하고 돈은 돈대로 손해만 보았던 지난날들을 돌이켜 보면 아찔하기만 합니다. 그런 경험을 발판 삼아 더 열심히 노력해서 새로운 가게를 차리고 절대 자리를 비우지 않았습니다. 덕분에 더 승승장구할 수 있었습니다.

사장님은 이런 상황들을 겪은 뒤에야 깨닫지 말고 잠시의 유혹에 굴복해 현재와 미래를 잃어버리는 행동은 하지 않기를 바랍니다.

사장님은
기계가 아니다

 많은 사장님이 자체 휴무일 없이 가게 문을 엽니다. 1년에 한 번도 쉬지 않는 사장님도 있습니다. 하루라도 쉬면 그날의 하루 매출이 아깝고 쉰다고 딱히 할 것도 없으니 돈이라도 많이 벌어야겠다고 생각하기 때문입니다. 하지만 그런 사장님은 지쳐서 오래가지 못합니다.

쉬지 않고 장사한다는 것은 사장님이 판매하는 음식에 자신감이 없다는 뜻과 다를 것이 없습니다. 사장님의 음식을 먹고 싶은 고객은 사장님이 영업하는 날과 영업시간에 찾아오기 마련입니다. 찾아오지 않는다는 것은 언제 가도 먹을 수 있고 흔한 맛이기 때문입니다. 그런데도 불구하고 고객을 다른 경쟁업체에 뺏길까 걱정하고 매일매일 오랜 시간 동안 가게 문을 열어 둡니다. 사장님이 판매하는 음식을 언제든 먹을 수 있는 흔한 음식으로 사장님 스스로가 만든 것입니다.

정기적으로 휴무를 가지고 영업시간을 줄이면 사장님은 가게에 출근하는 것이 지루하지 않고 즐겁고 행복하게 장사를 할 수 있습니다. 그러한 환경을 음식 개발에 투자한다면 품질도 더욱더 높아질 것입니다. 하루도 쉬지 않고 일하는 것은 사장님 자신을 스스로 힘들게 하는 것입니다. 더불어 사장님의 한 번밖에 없는 인생을 불쌍하게 만드는 길이기도 합니다.

저는 아르바이트를 시작해서 첫 창업을 하기까지 쉬는 날에도 출근해서 월급을 더 받았습니다. 시간은 돌아오지 않기 때문에 허비하고 싶지 않았습니다. 그리고 시간을 돈과 맞바꿨습니다. 창업을 한 후에는 1년 동안 명절 당일만 쉬고 매일 일했습니다.

쉬는 날 매출이 아깝기도 했고 돈을 많이 벌고 싶었습니다. 몇 년을 쉬지 않고 돈만 쫓아가며 살다 보니 가게 출근하는 것이 싫어지고 얼마 못 가 일을 하기가 싫어졌습니다. 그러니 당연히 음식은 대충 보내게 되고 일이 손에 잡히지 않는 것을 느꼈습니다. 강박 관념을 버리지 못했기에 일찍 지쳐 버린 것입니다.

창업 2년차에는 돈 욕심 때문에 가게를 하나 더 오픈하게 되었는데 갈수록 지쳐 가는 자신을 보면서 일주일에 하루는 쉬기로 마음먹었습니다. 그런데 신기하게도 시간이 지나면서 하루하루 매출이 더 오르는 것이 보였고 삶이 즐겁고 행복해졌습니다. 가게 분위기는 더 좋아지고 직원들과 웃으며 일할 수 있게 되었습니다. 그리고 직원들과 여행도 갈 수 있는 시간이 생기기 시작했습니다. 그러다 보니 하루도 쉬지 않고 가게를 운영했을 때보다 매주 하루씩 쉬면서 운영했을 때 월 매출은 더 높아졌습니다.

매주 하루 쉬는 날이 기다려지고 일하는 시간이 예전만큼 지루하고 힘들지도 않았습니다. 지치지 않고 오래 장사를 할 수 있었던 이유입니다.

사장님을 위해서, 가족을 위해서 꼭 쉬면서 본질에 집중할 수 있는 여건을 만들어 더욱더 좋은 품질의 음식을 만들어내기 바랍니다. 과감하게 선택하지 못하면 사장님 인생의 소중한 하루하루가 아무런 변화 없이 지나갈 것입니다.

영업시간의
중요성

 사장님이 처음 창업을 시작할
때 '고객 한 분 한 분에게 최선을 다해야지.', '영업시간은 무슨 일이
있어도 지켜야지.', '초심을 잃지 말아야지.' 하며 다짐을 합니다.

하지만 장사가 잘되거나, 또는 생각보다 순탄하지 않아 지칠 때면
어느 순간부터 많은 사장님이 여러 핑계를 대며 가게 영업시간을 지
키지 않게 됩니다.

반면에 중요성을 아는 사장님은 피곤해도, 귀찮아도, 장사가 안돼
도, 아파도, 재료가 없으면 일찍 일어나 재료를 구입해서라도 영업시
간을 1순위로 지킵니다. 영업시간은 고객과의 보이지 않는 약속이라
생각하고 자신과의 싸움을 이겨냅니다.

창업을 시작하기 전에 사장님이 어떠한 일이 있어도 지켜낼 수 있는
영업시간을 한 번 생각해 보기 바랍니다. 다양한 변명으로 가게 영업
시간을 지키지 못할 것 같으면 애초에 영업시간을 줄여 시작하는 것이
현명한 방법입니다. 매일매일 영업시간이 바뀌어서는 안 됩니다.

어느 날은 일이 없어서 일찍 가게 문을 열고, 어느 날은 개인 사정이 있어서 늦게 문을 열고 하는 습관은 처음부터 버려야 합니다.

영업시간을 지키지 않는 사장님의 가게는 장사가 잘될 리가 없습니다. 영업시간을 지키지도 않으면서 장사가 안된다고 여기저기 하소연하고 다닙니다. 장사가 잘되는지, 안되는지 여부를 판단하려면 최소한 영업시간을 지켜보아야 답을 알 수 있습니다.

고객이 한 명도 찾지 않더라도 지켜야 할 것 중에 하나가 영업시간입니다. 영업시간을 꾸준하게 지키는 사장님은 언젠가 상상한 대로 장사가 잘되는 날이 찾아옵니다. 기본 중에 기본이 되어 있기 때문입니다.

영업시간만 잘 지켜도 기본은 합니다. 그러니 고객이 찾아오지 않는다고 너무 힘들어하지 말고 끈기 있게 노력하길 바랍니다.

사장님이 끝까지 지킬 수 있는 영업시간을 창업하기 전에 신중하게 정하고 꼭 지키기를 당부드립니다.

내부에서
원인을 찾아라

 많은 사장님이 장사가 안되면
외부에서 원인을 찾고 탓합니다.

'오늘은 날씨가 좋아서 다들 놀러 갔나 보네.', '다른 가게들도 장사
가 안되니 우리 가게도 장사가 안되는구나.' 등 외부 환경을 이유로
장사가 안된다고 생각하는 데 그치고 스스로를 위로합니다. 반면 장
사가 잘되는 날은 오로지 자신이 열심히 노력해서 장사가 잘되는 것
이라고 생각합니다.

전형적으로 안 될 때는 남 탓, 잘 될 때는 내 덕인 논리입니다. 그
렇게 혼자만의 이유를 만들어 자신을 합리화합니다. 이런 사장님들
을 만나면 안타깝습니다. 다양한 이유로 장사가 되지 않는다며 가게
문을 닫고 술에 의존합니다. 외부에서 원인을 찾는 것은 약한 사람이
하는 행동입니다.

자신만의 장사 철학이 명확하면 외부 환경에 흔들리지 않고 꿋꿋
하고 꾸준하게 장사를 이어 나갈 수가 있습니다. 외부에서 이유를 찾

으면 본인이 해결할 수 있는 방법은 존재하지도 않으며 앞으로도 외부 환경에 휘둘려 매번 장사가 일정하지 않고 들쑥날쑥할 것입니다. 더 장사가 안되고 해결책이 없으면 불행한 이야기지만 폐업 수순을 밟아 가는 것이지요.

성공하는 사장님은 장사가 잘 안되어도 힘들거나 두려워하지 않습니다. 안되는 이유를 내부에서 찾기 때문입니다. 내부에서 이유를 찾으면 원인을 알고 해결 방법이 있습니다. 내부에서 원인을 찾는 사장님은 장사가 안되는 날은 오히려 고맙게 느껴지기도 합니다. 그런 하루는 가게의 본질에 대해 생각할 수 있는 시간이 생기기 때문입니다. 내부에서 원인을 찾고 즉시 실행으로 옮겨 문제들을 개선해 해결하는 가게들을 보면 결국에는 장사가 잘됩니다.

외부에서 원인을 찾는 사장님이 내부에서 원인을 찾고 노력하는 사장님을 봤을 때는 '저렇게 사소한 것까지 신경을 써?'라고 생각하고 잘 이해하지 못합니다. 오히려 내부에서 원인을 찾는 사장님이 희한해 보이기까지 합니다. 그저 결과만 부러워하고 그 가게가 왜 장사가 잘되는지 깊게 알려고 하지도 않습니다. 내부에서 원인을 찾는 사장님을 인정하기도 싫으며 노력 없이 장사가 잘되기를 바라기 때문입니다.

항상 생각하고 또 생각한 것을 실천으로 옮겨야 합니다. 많은 사장님이 생각만 하고 실천으로 옮기지 않기 때문에 이러한 것이 가능한 사장님이 돋보일 수 있는 것입니다. 그동안 외부에서 원인을 찾고 있었다면 앞으로는 과감하게 내부에서 원인을 찾고 실천으로 옮겨 문제를 해결하는 사장님으로 거듭나서 편안하고 미래가 보장된 자영업을 이어 나가길 바랍니다.

사장님이
꼭 알아야 할
절세 꿀팁

사업자등록증을 발급받을 때 일반 과세자와 간이 과세자 중에 선택을 할 수 있습니다.

간이 과세자로 시작해야 하는 이유는 일반 과세자에 비해 부가가치세 부담이 매우 적기 때문입니다.

사장님은 돈을 벌기 위해서 장사를 합니다. 매출을 올려 이익을 창출하지 않더라도 약간의 세무 지식만 있다면 돈을 벌고 시작하는 것입니다.

일반 음식점의 동일한 매출과 매입을 기준으로 일반 과세자와 간이 과세자의 부가가치세 차이를 계산해 보겠습니다.

1월부터 6월까지 매출이 현금 영수증/신용카드 2억 2천만 원, 현금 5천 5백만 원 / 매입은 1억 3천 2백만 원인 경우를 생각해 봅시다. 일반 음식점 일반 과세자 부가가치세 계산 공식은 매출세액 – 매입세액 – 신용카드 매출세액 공제(1.3%, 2022년부터는 1%)입니다.

매출세액 25,000,000원-매입세액 12,000,000원-신용카드

매출세액 공제 2,860,000원 = 부가가치세 10,140,000원

일반 음식점 간이 과세자 부가가치세 계산 공식은 납부세액 – 공제세액 – 신용카드 매출세액 공제(1.3%, 2022년부터는 1%)입니다.

납부세액 4,125,000원 – 공제세액 660,000원 – 신용카드 매출세액 공제 2,860,000원 = 부가가치세 605,000원

위 사장님은 간이 과세자로 시작했을 경우 무려 9,535,000원을 벌고 시작할 수 있는 것입니다(참고로 간이 과세자는 부가가치세를 환급받을 수 없습니다).

간이 과세 배제 업종, 배제 구역, 배제 건물, 전 사업주(일반 과세자)와 동일한 상호 또는 업종, 일반 과세자 사업장을 갖고 있지 않는 경우라면 무조건 간이 과세자로 시작해야 합니다.

그리고 간이 과세자는 매출이 4,800만 원 미만일 때에는 부가가치세 신고는 해야 하지만 납부는 면제됩니다.

사업자등록도 시기가 있다

　세무 관점에서는 사업자등록 시기가 있습니다. 즉, 사업자등록을 해야 하는 시기에 사업자등록을 해서 절세를 할 수 있다는 뜻입니다. 이 경우 처음부터 일반 과세자로 사업자등록을 해야 하는 경우는 해당되지 않습니다.

　간이 과세자로 사업을 시작하는 사장님은 세무 관점에서 사업자등록 시기를 바라보고 판단할 줄 알아야 합니다. 간이 과세로 사업자등록을 하는 경우 간이 과세 혜택을 제일 많이 볼 수 있는 시기와 간이 과세 혜택을 제일 적게 볼 수 있는 시기가 있습니다.

　간이 과세자의 부가가치세 과세 기간은 1월 1일부터 12월 31일까지이고 신고 및 납부기간은 다음 해 1월 1일부터 1월 25일까지입니다. 그러므로 국세청은 매년 1월에 해당 사업자의 매출 규모를 알 수 있습니다.

　그래서 간이 과세로 사업자등록을 하고 연 매출이 8,000만 원을 초과하면 다음 년도 7월 1일부터는 일반 과세자로 자동 전환하는 것입니다. 연 매출 8,000만 원을 월 환산하면 약 666만 원입니다.

　예를 들어 12월에 간이 과세로 사업자등록을 하고 월 매출이 667만

원이 넘어가면 다음 해 7월 1일부터는 일반 과세로 자동 전환되는 것입니다. 12월에 간이 과세로 사업자등록을 하게 되면 간이 과세 유지 기간이 제일 짧은 7개월밖에 되지 않습니다.

하지만 1월에 간이 과세로 사업자등록을 하고 연 매출이 8,000만 원을 초과하더라도 다음 해 7월1일부터 일반 과세로 자동 전환되기 때문에 18개월 동안 간이 과세를 유지할 수 있습니다.

간이 과세를 오래 유지하면 할수록 부가가치세 부담이 적기 때문에 세무 관점에서 바라보았을 때 11월, 12월에 사업자등록을 하는 것보다 1월에 사업자등록을 하는 것이 매우 현명한 선택인 것입니다.

저는 첫 창업을 할 때 세무 지식이 없어서 12월에 사업자등록을 했습니다. 12월이 제일 바쁜 시기라 판단해서 많은 매출을 올릴 수 있을것이라 생각했습니다. 하지만 12월 사업자등록이 부메랑이 되어 부가가치세 900만 원으로 돌아왔습니다. 1월에 사업자등록을 했었다면 900만 원은 납부하지 않아도 될 부가가치세였습니다.

창업하기 전에 조금만 세무 지식이 있었다면 창업과 동시에 900만 원을 아끼고 시작할 수 있었던 것입니다.

예를 들어 사장님 가게의 순이익률이 20%라면 900만 원을 벌기 위해서는 4,500만 원이라는 매출이 있어야 벌 수 있는 돈입니다. 4,500만 원을 팔기 위해서 들어가는 정신적 스트레스와 노동력을 생각한다면 알고 시작하는 절세는 누워서 떡 먹기입니다.

장사에는 정답이 없지만 세금에는 정답이 있습니다. 정답 없는 문제보다 정답 있는 문제를 먼저 해결하는 현명한 사장님이 되기 바랍니다.

매입처와 흥정하라

사장님은 돈을 벌기 위해 창업을 시작했습니다. 돈을 벌기 위해서는 매출을 올리거나 인건비를 줄이지 않아도 매입처와 흥정을 통해 돈을 벌 수가 있습니다.

간이 과세자는 일반 과세자와 달리 부가가치세 계산 공식이 다릅니다. 간이 과세자는 매출에 부가가치율과 업종별 부가가치율을 곱해주기 때문에 납부할 세금이 일반 과세자에 비해 현저히 적게 계산됩니다.

예를 들어 음식점을 운영하고 있는 일반 과세자 사장님이라면 재료를 22,000원에 구입하는 경우 매입세액은 2,000원입니다(매입 22,000원=매입액 20,000원+매입세액 2,000원).

하지만 간이 과세자 사장님이라면 재료를 22,000원에 구입하더라도 공제세액은 110원이 됩니다(공급대가 22,000원×0.5%).

즉, 부가가치세 신고 때 110원을 매입세액으로 공제받기 위해 2,000원을 지출할 필요가 없는 것입니다. 그렇기 때문에 간이 과세자라면 세금계산서를 발급받지 않고 싸게 공급받는 것이 돈을 버는 것입니다.

간이 과세자라면 거래가 빈번한 거래처에 이렇게 흥정을 해 보세요. 세금계산서를 발급받지 않고 물건값에 부가세10%를 제외하고 공급해줄수 있나요? 라고 물어보세요. 거래처는 매출이 드러나지 않을 수 있기 때문에 흔쾌히 받아줄 수도 있습니다.

간이 과세자가 거래처와의 흥정을 통해 세금계산서를 발급받지 않고 매입을 한 경우 얼마를 아낄 수 있는지 보겠습니다.

간이 과세자 치킨집 사장님이 식용유를 33,000원에 매입하지 않고 흥정을 통해 세금계산서를 발급받지 않고 30,000원에 매입했습니다. 이를 통해 3,000원을 아낄 수 있었습니다.

그리고 종합소득세 경비 처리를 위해 식용유 30,000원을 필요 경비로 넣어서 증빙불비 가산세(2%) 600원을 납부했습니다. 치킨집 사장은 매입처와 흥정을 통해 2,400원을 아낄 수 있는 것입니다. 만약 흥정을 통해 세금계산서를 받지 않고 10%를 지불하지 않은 금액이 3,000만 원이라면 2,400,000원을 아낄 수 있는 것입니다(음식점업의 경우 신용카드 등 발행세액 공제가 1.3%이기 때문에 간이 과세자는 납부해야 할 부가가치세가 거의 없습니다. 단, 2022년부터는 신용카드 등 발행세액 공제율은 1%입니다). 흥정을 받아주지 않는다면 원칙대로 돈을 주고 세금계산서를 발급받으면 됩니다.

일반 과세자라면 매입처에 흥정하지 말고 원칙대로 돈을 주고 세금계산서를 발급받으세요(상대방 사업자가 신규 간이 과세 사업자 및 직전 연도 공급대가가 4,800만 원 미만인 간이 과세자라면 세금계산서를 발급받을 수 없습니다).

그리고 거래가 빈번하고 친한 거래처가 있다면 매입 자료를 더 끊어줄 수 있냐고 물어보세요.

혹은 사장님의 자금이 여유롭다면 한달 치의 물건값을 미리 선불로 줄 테니 매입 자료를 더 끊어줄 수 있는지 물어보세요.

일반 과세자라도 매입처에서 세금계산서를 발급해주지 않는 조건으로 10%보다 더 많은 할인을 해준다면 종합소득세 계산을 통해 싸게 사는 것이 득이 될 수도 있습니다.

하지만 원칙적으로는 돈을 주고 세금계산서를 발급받는 것은 가공 거래입니다. 거래가 빈번하지 않은 거래처라면 이런 방법을 피하시길 바랍니다.

나중에 소명 요청이 들어왔을 때 사장님은 심한 두통과 스트레스를 받을 수 있습니다.

장부 작성을 해야 하는 이유

개인 사업자 사장님은 장부 작성을 해야 할 필요성을 잘 느끼지 못합니다. 장부 작성이라는 단어가 어렵고 귀찮게 느껴지기 때문입니다. 장부 작성은 세무 대리인만 할 수 있는 것이 아닙니다. 장부 작성을 해놓으면 사장님의 절세에도 도움이 되고 세금을 신고할 때에도 유용하게 쓰입니다. 그리고 돈을 벌기 위해 쓴 돈이 정확하게 얼마인지 알 수 있어 사장님이 얼마를 벌었는지 정확하게 알 수 있는 것입니다.

사업과 관련해서 지출된 비용을 매입 장부, 사업과 관련해서 벌어드린 돈을 적는 것이 매출 장부입니다. 요즘에는 POS 프로그램이 잘되어 있어 매출 장부는 따로 작성하지 않아도 POS 프로그램이 한눈에 보기 쉽도록 집계해줍니다.

매입 장부는 사장님이 사업과 관련해서 발생한 지출을 그때그때 적어주면 됩니다. 장부를 작성할 때 일자, 거래처, 금액, 비고란을 활용하여 작성하면 됩니다.

간단한 장부 작성 예시입니다.

매입일자	거래처	거래내용	금액	비고
1월 5일	△ 유통	주재료 구입	50,000원	계좌 이체 - 계산서 발급
1월 10일	○ 마트	식자재 구입	75,000원	신용카드
1월 30일	○ 유통	식용유 구입	210,000원	계좌 이체 - 세금계산서 발급
2월 10일	△ 유통	젓가락 구입	70,000원	현금-간이영수증
2월 25일	○ 주류	주류 구입	80,000원	현금 - 세금계산서 발급

장부 작성은 사장님을 위해 하는 것입니다. 장부를 작성하면 얼마를 벌었는지 한눈에 볼 수 있으며 어느 항목에서 비용이 많이 지출되었는지 확인할 수 있기에 장부 작성은 사장님의 가게 돈의 흐름을 알려주는 표이기도 합니다.

좀 더 나아가 간편 장부를 작성하고 간편 장부를 토대로 종합소득세를 신고하면 무기장가산세가 적용되지 않습니다. 또한 간편 장부 대상자가 복식부기로 종합소득세를 신고하면 기장세액 공제가 가능합니다.

종합소득세 신고 기간이 되면 세무사가 사업과 관련된 지출 자료를 가져다 달라고 합니다.

그러면 사장님은 최소 4개월~최대 1년 4개월 전에 지출한 비용들을 기억으로 찾아내야 하는 경우가 종종 있습니다. 사람은 망각의 동물이기 때문에 절대 모든 일을 기억할 수 없습니다.

장부 작성이 잘 되어 있으면 종합소득세 신고 시 어디에 비용이 지출되었는지 쉽게 알 수 있어 종합소득세 필요 경비 자료를 찾는 데 아주 많은 도움이 됩니다. 또한 사장님의 가게를 매매할 때에도 장부 작성을 토대로 가게의 전반적인 상황을 인수자에게 보여줄 수 있습니다.

장부 작성은 세금 신고를 위해 작성하는 것이 아니라 사장님의 이익은 얼마인지, 불필요한 비용이 지출되는 것은 없는지 확인하기 위해 작성하는 것입니다. 장부 작성을 통해 세금 신고가 편해지는 것은 덤으로 따라오는 것입니다.

개인 사업자가 사업자등록증을 발급받고 잘못된 상식으로 카드사에서 사업용 신용카드를 발급받습니다. 카드사에서 말하는 사업용 신용카드는 그들만의 마케팅 수단입니다. 카드사에서 말하는 사업용 신용카드를 발급받고 사용했더라도 자동으로 사용 내역을 세금 신고 시 적용받을 수 있는 것이 아닙니다.

사장님의 명의로 된 모든 신용카드, 체크카드를 사업과 관련된 목적으로 사용하면 사업용 신용카드가 되는 것입니다.

우선 사장님의 신용카드, 체크카드 중 사업과 관련해서 사용할 카드를 국세청 홈택스에 등록할 수 있습니다. 등록 방법은 홈택스 로그인 후 조회/발급 – 현금 영수증 – 사업용 신용카드 – 사업용 신용카드 등록을 통해 사업용으로 사용할 카드를 등록하면 됩니다.

홈택스에서 제공하는 사업용 신용카드 제도는 개인 사업자가 사업용 물품을 구입하는 데 사용하는 신용카드를 국세청 홈택스 홈페이지에 등록하는 제도입니다.

사업용 신용카드를 등록하게 되면 사업자는 부가가치세 신고 시 매입세액 공제를 받기 위한 신용카드 매출전표 등 수취명세 작성을 하지 않아도 됨에 따라 시간과 비용이 대폭 감축됩니다.

사업용 신용카드는 최대 50장까지 카드를 등록할 수 있으나 실제로 사업 용도로 사용할 카드만 홈택스에 등록하는 것이 추후 세금 신고 및 공제/불공제를 구분할 때 도움이 됩니다. 즉, 가사 용도로 사용하는 카드를 등록하게 되면 아주 번거롭게 시간을 낭비해야 하는 일이 발생합니다.

저라면 하나의 카드만 홈택스 사업용 신용카드에 등록하고 사업과 관련된 비용으로 인정받을 수 있는 것들만 사업용 신용카드로 사용할 것입니다. 그러므로 사업과 관련된 비용으로 인정받을 수 있는 범위를 아시는 것이 절세하는 방법입니다.

법적으로 사업자 본인 명의의 신용카드를 사업과 관련된 비용으로 사용하더라도 인정되지 않는 항목들이 있기 때문입니다.

법적으로 사업과 관련된 비용으로 인정받을 수 없는 항목들을 나열해 보겠습니다.

- 상대 사업자가 세금계산서 발급 의무가 없는 간이 과세 또는 면세 사업자인 경우
- 세금계산서를 발급할 수 없는 업종(목욕, 이발, 미용업의 본래 사업 관련

용역 / 여객운송 용역(전세버스는 제외)/입장권을 발행하여 영위하는 사업자의 본래 사업 관련 용역/의사가 제공하는 성형 등 과세되는 의료 용역을 공급하는 사업/수의사가 제공하는 과세되는 동물의 진료 용역/무도 학원, 자동차운전학원의 용역을 공급하는 사업)

그러므로 무턱대고 사업과 관련된 비용이라고 모두 공제 처리를 받으면 언제 세무서에서 소명 요청이 나올지 모릅니다.

하지만 세무 상식이 있으면 실제로는 가사 용도로 사용한 비용이지만 사업용 신용카드를 배짱 있게 사용하여 부가가치세 매입세액 공제를 받을 수도 있습니다.

개인 사업자라면 가게를 처음 시작할 때 다른 사람이 운영하던 가게를 인수인계받아 운영할지, 신규로 가게를 오픈할지 고민을 합니다.

첫 예비 창업자라면 다른 사람이 운영하던 가게를 인수인계받는 경우가 많습니다.

그리고 권리금이라는 명목으로 큰 비용을 지출합니다. 권리금의 액수가 크든 작든 사업을 시작할 때 들어간 비용입니다.

그런데도 불구하고 세무 상식이 없어 권리금을 비용으로 처리하지 않는 사장님이 많습니다.

권리금은 5년간 감가상각으로 비용 처리가 가능합니다. 단, 세금계산서를 발급받거나 현금으로 지급하지 말고 계좌 이체를 통해 증빙을 갖춰 놓고 포괄양도계약서를 작성해 증빙을 갖춰 두어야 합니다. 세금계산서를 발급받고 종합소득세 비용 처리를 한 경우에는 증빙불비 가산세 2%가 부과되지 않습니다. 세금계산서를 발급받지 않고 종합소득세 비용 치리를 한 경우에는 증빙불비 가산세 2%가 부과됩니다.

예를 들어 사장님이 권리금을 1억 지급하고 세금계산서를 발급받았다면 감가상각을 통해 5년 동안 매년 2,000만 원을 종합소득세 비용 처리할 수 있습니다.

사장님의 소득세율이 15%라고 가정하고 세금계산서를 발급받은 경우 절세되는 금액은 300만 원(2000만 원×15%)입니다.

권리금을 1억 지급하고 세금계산서를 발급받지 않고 계좌 이체 내역, 포괄양도계약서를 작성한 경우에도 매년 2,000만 원을 종합소득세 비용 처리할 수 있습니다.

사장님의 소득세율을 15%라고 가정하고 세금계산서를 발급받지 않은 경우 종합소득세 300만 원(2,000만 원×15%) - 증빙불비 가산세 (2,000만 원×2%) = 40만 원으로 절세되는 금액은 260만 원입니다.

그리고 권리금을 감가상각을 통해 비용으로 인정받기 위해서는 종합소득세 신고 방식을 추계신고로 해서는 안 되고 간편장부 또는 복식부기로 신고해야 합니다. 많은 사장님이 권리금을 지불한 것에 대해 안일하게 생각하고 비용 처리를 하지 않는 경우가 허다합니다.

조금만 세무 지식이 있으면 세금이 많이 나올까 봐 걱정하지 않아도 됩니다. 세금은 명확한 정답이 존재하기 때문입니다. 권리금이 감가상각을 통해 비용 처리가 되는지를 몰랐던 예비 창업자, 사장님은 이 책을 통해 수십만 원, 수백만 원을 절세할 수 있을 것입니다.

월세 세금 처리

개인 사업자는 대부분 건물 일부를 임대하여 건물주에게 매달 월세를 지급합니다. 그렇다면 건물주에게 지급한 월세는 부가가치세 매입세액 공제, 종합소득세 필요 경비로 인정받을 수 있을까요?

건물주의 사업자등록증이 일반 과세자이고 세금계산서를 발급받으면 부가가치세 매입세액 공제, 종합소득세 경비 처리 둘 다 가능합니다.

예를 들어 110만 원의 월세를 지불하는 사장님이 건물주로부터 1년 동안 발급받은 세금계산서 금액은 1,320만 원입니다.

1,320만 원은 매입이고 매입액과 매입세액으로 풀면, 매입=매입액+매입세액/1,320만 원=1,200만 원+120만 원입니다. 매입세액 120만 원은 부가가치세 매입세액 공제를 받을 수 있으며 매입액 1,200만 원은 종합소득세 필요 경비로 인정받을 수 있는 것입니다.

사장님 종합소득세율이 6%라고 가정하면 종합소득세 72만원(1,200만 원×6%)이 공제되는 것입니다. 1년 동안 건물주에게 준 부가가치세 120만 원을 포함하면 총 192만 원을 세금에서 공제받은 것입니다.

하지만 건물주의 사업자등록증이 세금계산서 발급 의무가 없는 간이 과세자라면 세금계산서를 발급해줄 수 없습니다.

그러므로 부가가치세 매입세액 공제는 불가능하고 종합소득세 필요 경비로만 인정받을 수 있습니다.

예를 들어 110만 원의 월세를 지불하는 사장님이 건물주가 세금계산서 발급 의무가 없는 간이 과세자라서 세금계산서를 발급받지 못한 경우에는 부가가치세 매입세액 공제는 받지 못하고 1년 동안 건물주에게 지급한 1,320만 원을 종합소득세 필요 경비로 인정받을 수 있습니다.

사장님 종합소득세율이 6%라고 가정하면 종합소득세 792,000원(1,320만 원×6%)이 공제되는 것입니다. 사장님이 1년 동안 건물주에게 1,320만 원을 월세로 지급하여 공제받을 수 있는 세금은 792,000원인 것입니다.

건물주가 사업자등록증이 세금계산서 발급 의무가 없는 간이 과세자라면 세금계산서를 발급해 줄 수 없기 때문에 임대차 계약서를 작성하기 전에 건물주 사업자등록증을 확인해야 합니다.

그리고 계약서에 명시된 월세에 부가세가 포함되어 있는지 확인하고 건물주가 간이 과세자인데도 불구하고 월세에 부가세 10%가 포함되어 있다면 부가세를 제외하고 월세를 지불하면 안 되는지 얘기해 보세요.

간혹 건물주가 세무 상식이 없어 사업자등록을 하지 않고 사장님에게 건물 일부를 임대해주고 월세를 받는 경우가 있습니다.

이런 경우 사장님은 당연히 세금계산서를 발급받지 못하기 때문에 부가가치세 매입세액 공제는 받을 수 없지만 종합소득세 경비 처리는 가능합니다.

하지만 사장님이 월세를 종합소득세 경비 처리를 받음으로 인해 건물주의 소득이 국세청에 드러나게 됩니다. 추후 국세청에서 건물주에게 소득세를 추징할 수 있는 것입니다.

이 문제는 건물주가 세무 상식이 없어서 발생하는 문제입니다. 그래서 사장님과는 무관하지만 이런 문제로 세무서에서 건물주에게 소명 요청을 요구하게 되면 건물주는 왜 월세를 세무서에 신고하였냐고 사장님에게 뭐라고 할 수 있습니다. 그러니 사장님이 세무 상식을 먼저 갖고 임대차 계약서를 작성하기 전 건물주가 사업자등록증이 있는지 없는지 확인하기 바랍니다.

배달 대행 세금 처리

배달 전문점뿐만 아니라 홀 매장, 테이크아웃 매장에서도 배달 대행을 통해 음식을 배달하고 있습니다.

배달 대행 비용을 부가가치세 매입세액 공제를 받기 위해 대행업체 사장에게 세금계산서를 발급해 달라고 하니 대행 비용의 10%를 더 달라고 요구합니다.

많은 사장님이 10%를 더 주고 세금계산서를 발급받는 것이 유리한지, 10%를 주지 않고 세금계산서를 발급받지 않는 것이 유리한지 고민을 합니다.

정답은 사장님의 사업장이 일반 과세자인지 간이 과세자인지에 따라 정답이 바뀝니다.

사장님이 일반 과세자라면 대행업체 사장에게 대행 비용의 10%를 더 주고 세금계산서를 발급받는 것이 유리합니다. 예를 들어 배달 대행 비용이 300만 원이고, 세금계산서를 발급받기 위해 30만 원을 대행업체 사장에게 주었다면 30만 원은 부가가치세 매입세액 공제를 받을 수 있고, 300만 원은 증빙불비 가산세를 물지 않고 종합소득세 필요 경비로 인정받을 수 있습니다. 또한 종합소득세 신고 시 대행 비용을 세금계산서로 적격 증빙을 수취하였기에 세무사에게 소명용 증빙을 갖다 주지 않아도 됩니다.

즉, 세금계산서 발급을 받기 위해 대행 비용의 10%를 더 주는 30만 원은 어차피 국가에 납부해야 할 부가가치세입니다. 만약 대행 비용의 10%인 30만 원을 대행업체 사장에게 주지 않고 세금계산서를 발급받지 않았다면 세금계산서를 발급받은 사장님보다 부가가치세가 30만 원이 더 나오게 되는 것입니다.

하지만 사장님이 간이 과세자라면 대행 비용의 10%를 더 주고 세금계산서를 발급받을 필요가 없습니다. 간이 과세자와 일반 과세자는 부가가치세 계산 방법이 다릅니다. 간이 과세자는 공급대가 기준으로 0.5%만 매입세액 공제가 가능합니다. 그렇기 때문에 배달 대행업체 사장에게 30만 원을 지불하고 세금계산서를 수취하더라도 부가가치세 신고 시에는 16,500원만 매입세액 공제를 받을 수 있습니다.

간이 과세자는 일반 과세자에 비해 부가가치세 부담이 현저히 적기 때문에 공급가액의 10%를 더 주고 세금계산서를 수취하는 것은 바람직하지 않습니다.

그리고 배달 대행 비용을 적격 증빙으로 수취하지 않았기 때문에 종합소득세 신고 시에는 소명용 증빙을 갖추고 300만 원을 비용 처리하면 됩니다. 소명용 증빙은 사장님 명의로 된 통장에서 대행업체 사장에게 계좌 이체한 거래 내역 정도입니다.

적격 증빙으로 수취하지 않은 3만 원 이상 거래를 종합소득세 필요 경비로 처리하게 되면 증빙불비 가산세 2%가 부과됩니다. 단, 해당 과세 기간에 신규로 사업을 개시한 자, 직전 과세 기간의 사업소득 수입 금액이 4,800만 원에 미달하는 경우에는 증빙불비 가산세를 부담하지 않아도 됩니다.

사장님이 일반 과세자라면 배달 대행 비용의 10%를 더 주고 세금계산서를 발급받고, 간이 과세자라면 세금계산서를 발급받지 말고 사장님 명의로 된 통장에서 대행업체 사장에게 계좌 이체한 내역을 토대로 종합소득세 필요 경비로 인정받으면 됩니다.

직원 인건비와 식비

개인 사업자라면 가게 직원의 인건비와 식비에 많은 비용을 지출합니다. 그런데 가게 직원의 인건비와 식비를 부가가치세, 종합소득세 신고 시 공제가 가능한지, 필요 경비로 인정받을 수 있는지 잘 모르는 사장님이 많습니다.

직원의 인건비는 부가가치세 신고 시 매입세액 공제를 받을 수 없습니다. 인건비는 부가가치세와는 무관하기 때문에 종합소득세 신고 때 경비 처리만 가능합니다.

하지만 인건비를 종합소득세 비용 처리를 받기 위해서는 직원 급여에 대해 원천세 신고 및 납부와 지급 명세서를 제출해야 합니다. 그리고 4대 보험도 가입해야 합니다. 4대 보험은 의무 가입이기 때문에 직원의 인건비를 경비 처리하였을 때 줄어드는 종합소득세 세금과 사장님이 부담하는 4대 보험료와 비교해 볼 필요가 있습니다.

직원의 4대 보험을 가입하지 않고 인건비를 경비 처리하는 것도 가능하지만 추후 국민건강보험공단에서 4대 보험 누락 금액을 사장님에게 추징할 수 있습니다. 4대 보험은 의무 가입이기 때문에 직원의 원천세를 국세청에 신고하게 되면 국세청과 국민건강보험공단 전산이 연결되기 때문에 공단에서 4대 보험 누락을 알 수 있기 때문입니다.

원천세 신고 및 지급명세서를 제출하지 않고 직원의 인건비를 경비 처리한다면 인건비의 1% 가산세가 발생합니다. 기한 경과 후 3개월 이내에는 0.5%입니다.

원천세 신고 및 지급 명세서를 제출하지 않고 4대 보험도 가입하지 않고 인건비를 경비 처리한 경우 증빙불비 가산세 2%와 원천세 신고 및 지급명세서 미제출 가산세 1%가 발생하고 추후 국민건강보험공단에서 4대 보험료를 추징할 수 있습니다.

이런 경우 국세청으로부터 가공 경비로 오해받을 수 있기 때문에 급여 이체 내역과 급여 대장을 통해 소명할 수 있는 증빙들은 꼭 갖춰 놓아야 합니다.

쉽게 한 문장으로 설명하면 아무 문제 없이 직원의 인건비를 종합소득세 경비 처리 하기 위해서는 원천세 신고 및 지급 명세서를 제출하고 4대 보험에 가입하면 됩니다.

직원의 식비는 사업장에 직원이 등록되어 있는 경우에만 부가가치세 매입세액 공제를 받을 수 있습니다. 부가가치세 매입세액 공제를 받은 직원의 식비는 당연히 종합소득세 경비 처리도 가능합니다. 하지만 사장님의 식비는 부가가치세 매입세액 공제를 받을 수 없습니다.

예를 들어 직원과 둘이서 식사를 하고 20,000원을 결제했다면 원칙적으로는 10,000원만 부가가치세 매입세액 공제를 받아야 합니다.

만약 식당이 세금계산서 발급 의무가 없는 간이 과세자라면 직원과 함께 식사를 했더라도 직원의 식비를 부가가치세 매입세액 공제받을 수 없습니다. 그래서 직원의 식비를 부가가치세 매입세액 공제를 받으려면 사업장에 직원 등록을 하고 일반 과세자 식당 또는 세금계산서 발급 의무가 있는 간이 과세자 식당에서 식사를 해야 됩니다.

차량 세금 처리

많은 사장님이 자동차를 구입할 때 리스, 할부로 구매해야만 비용 처리를 통해 절세를 할 수 있다고 잘못 알고 있습니다.

사장님이 납부하는 세금은 부가가치세와 종합소득세 두 가지로 나뉩니다.

세금의 종류에 따라 차량의 비용 처리 가능 여부가 다릅니다. 부가가치세 매입세액 공제를 받기 위한 절세법과 종합소득세 필요 경비로 인정받기 위한 절세법을 각각 알아보겠습니다.

우선 부가가치세 매입세액 공제를 받기 위해서는 구매 방법과 상관없이 경차, 9인승 이상의 승합차, 화물차, 오토바이(125cc이하)를 구입해야 합니다. 이 네 가지 중 하나에 해당하는 차량을 구입했을 경우에만 자동차값, 기름값, 수리비, 주차비 등 차량 관련 비용을 부가가치세 매입세액 공제를 받을 수 있습니다.

예를 들어 사장님이 사업과 관련된 업무를 보기 위해 승용차를 3,300만 원을 주고 구매했더라도 300만 원을 부가가치세 매입세액 공제 받을 수 없는 것입니다.

그래서 부가가치세 매입세액 공제를 받기 위해서는 사업의 관련성 여부와 함께 경차, 9인승 이상의 승합차, 화물차, 오토바이를 구매하는 것이 제일 중요한 것입니다.

사장님이 사업 관련 목적으로 중고 경차를 110만 원 주고 구입하고 기름을 33,000원 주유했다면 103,000원은 부가가치세 매입세액 공제를 받을 수 있고 1,030,000원은 종합소득세 필요 경비로 인정받을 수 있습니다. 단, 위에 해당하는 차량을 사업 관련 목적으로 구매하더라도 가사 용도로 사용하고 적발될 경우 공제받은 부가가치세를 추징당할 수도 있습니다.

차량을 영업용으로 사용할 경우에는 차종에 상관없이 부가가치세 매입세액 공제가 가능합니다. 영업용이란 택시운송업, 렌트카업 등 승용차가 직접 자기 사업의 목적물이 되는 것을 뜻합니다.

부가가치세와 달리 종합소득세 필요 경비로 인정받기 위해서는 어느 차종을 구입해도 상관없습니다. 그리고 구매 방법은 현금, 할부, 리스, 렌트 중 어느 방법으로 구매해도 비용 처리를 받을 수 있습니다. 단, 구입한 차량이 사업과 관련된 목적으로 사용되었을 경우에만 종합소득세 경비 처리가 가능합니다. 현금, 할부로 차량을 구매한 경우 차량을 자산으로 등록하여 감가상각비를 통해 경비로 인정받을 수 있습니다. 리스와 렌트의 경우 금융 회사, 렌터카 회사에 지불하는 비용을 차량 비용 처리할 수 있습니다.

예를 들어 가족들과 여행을 다녀오는데 사용된 차량 비용들을 종합소득세 신고 시 경비로 넣는것은 탈세인 것입니다. 그렇다고 매번 차량 운행기록부를 작성하기 힘든 개인 사업자도 있을 것입니다. 그래서 국세청에서는 '차량 운행기록부를 작성하지 않아도 2020년부터 연간 1,500만 원까지 필요 경비로 인정해주겠다'라고 합니다. 운행기록부를 작성한 경우에는 1,500만 원이 넘는 비용도 경비 처리를 할 수 있습니다.

앞으로 차량을 구입할 때 구매 방법(현금,할부,리스,렌트)을 고민하지 말고 부가가치세 매입세액 공제 가능한 차종을 구입하여 부가가치세 매입세액 공제도 받고 종합소득세 비용 처리도 하는 현명한 사장님이 되기 바랍니다.

차량 종류	부가가치세 매입세액 공제	종합소득세 필요 경비
승용차	X	O
경차	O	O
9인승 이상 승합차	O	O
화물차	O	O
오토바이(125cc 이하)	O	O

절세를 위해 매달 해야 할 일

매달 12일부터 홈택스를 통해 전월분 전자(세금)계산서 매출, 매입 내역 조회가 가능합니다.

조회 방법은 홈택스 - 조회/발급 - 합계표 및 통계조회 - 전자(세금)계산서 합계표 조회입니다.

매달 12일에는 매입처에서 사장님에게 전자(세금)계산서 발행 여부와 함께 금액을 정확하게 발급해 주었는지 확인해야 합니다.

당연히 매입처에서 '알아서 정확하게 발급해 줬겠지.'라고 생각하고 확인을 하지 않는 사장님이 많습니다. 전자(세금)계산서 발행은 사람이 하는 일이기에 꼭 확인해야 합니다.

예를 들어 사장님이 1월 한 달간 110만 원어치 식용유를 매입하였습니다. 그리고 2월 12일에 홈택스를 통해 식용유 사장이 전자세금계산서 발행 여부와 함께 정확한 금액을 발행해주었는지 확인을 했습니다. 그런데 식용유 사장이 0을 하나 빠트려 11만 원을 발급해주었습니다.

사장님은 전자(세금)계산서 발급 여부와 금액을 매달 확인했기 때문에 식용유 사장의 실수를 확인할 수 있었습니다. 그리고 식용유 사장에게 전자(세금)계산서 수정 발급 요청을 하여 110만 원의 전자(세금)계산서를 수정 발급받을 수 있었습니다.

만약 사장님이 전자(세금)계산서 발급 여부와 금액을 확인하지 않았더라면 식용유 사장에게 부가가치세 10만 원을 지불하고도 1만 원을 매입세액 공제받는 일이 발생하는 것입니다.

이런 경우 사장님의 부가가치세는 9만 원이 더 나오게 되고 이 사실조차 평생 모를 수 있습니다.

전자(세금)계산서는 사람이 직접 발급을 해주기 때문에 실수가 있기 마련입니다. 실수든 고의든 사장님이 정확하게 확인하여 잘못된 부분은 매입처에 얘기하고 수정 발급받아야 합니다.

사장님이 확인하지 않으면 그 어느 누구도 대신 확인해주지 않습니다. 매달 12일에는 홈택스를 통해 매입처가 전자(세금)계산서를 정확하게 발행했는지 확인하는 습관을 들여 절세하는 사장님이 되길 바랍니다.

매달 15일부터는 그 밖의 신용카드 매출, 사업용 신용카드 매입내역이 조회가 가능합니다.

사업과 관련된 비용이 불공제로 표기되어 있으면 공제로 변경해서 매입세액 공제를 받고, 가사경비 비용이 공제로 표기되어 있으면 불공제로 변경해서 매입세액 공제를 받지 말아야 합니다.

조회 및 변경 방법은 홈택스 – 조회/발급 – 사업용 신용카드 – 매입 세액 공제 확인/변경입니다.

많은 사장님이 공제, 불공제 변경을 세무사가 대신 해준다고 착각 하고 있습니다.

세무사가 사장님이 언제 어디서 얼마를 썼는지 어떻게 알고 공제, 불공제 변경을 해줄까요?

세무사가 가사경비, 가게경비 여부도 알 수 없으며 일일이 사장님 에게 전화해서 물어볼 수도 없는 노릇입니다. 사장님이 쓴 돈은 사장 님이 어디에 썼는지 알기 때문에 사장님이 직접 해야 합니다.

매월 15일에 사업용 신용카드 매입내역을 확인하고 공제, 불공제 처 리를 하게 되면 부가가치세 신고 기간 때 아주 수월하게 부가가치세 신 고를 마칠 수 있습니다. 매월 하지 않고 부가가치세 신고 기간 때 몰아서 하게 되면 기억이 잘 나지 않아 헷갈리고 시간도 많이 소요됩니다.

그리고 6개월 동안의 사업용 신용카드 사용 여부를 한 번에 다 확 인하면 너무 많아서 귀찮은 마음이 생기기 마련입니다.

어차피 해야 할 일이라면 미루지 말고 매월 시간을 조금 투자하는 습관을 들이기 바랍니다.

에필로그

장사에는 정답이 없습니다. 사장님이 100% 성공할 수 있다는 보장도, 망하지 않는다는 보장도 없습니다. 그런데 실제로 대부분의 사장님이 자신은 성공할 수 있다고 생각하고 손님이 많아 미어터지는 상상만 하며 창업을 준비합니다. 망할 생각은 해 보지도 않았기 때문에 망해서 일어날 일들은 전혀 생각 속에 없습니다.

그래서 많은 자영업자가 힘들어합니다. 갑자기 시련과 역경이 닥쳐왔을 때 어떻게 이겨낼지 준비를 하지 않았기 때문입니다. 반대로 지금 이 책을 손에 잡은 사장님들은 다행일 수도 있습니다. 준비를 소홀히 하면 실패를 부를 뿐입니다. 장사가 사장님 생각대로 흘러가지 않을 경우를 미리 생각하고 대비해야 합니다. 이러한 준비가 되어 있는 사람만이 성공을 잡을 수 있습니다.

많은 사장님이 장사가 안되면 외부에서 원인을 찾고 탓합니다. 다들 날씨가 좋아서 가게 문을 닫고 놀러 갔을 것이라는 가상 이유를 만들기도 하고, 다른 가게들도 장사가 안될 것이라고 생각하며 스스로를 위로합니다.

장사를 잘하는 사장님은 장사가 잘 안되어도 힘들거나 두려워하지 않습니다. 안되는 이유를 내부에서 찾기 때문입니다. 내부에서 이유를 찾으면 원인을 알고 해결 방법이 있습니다. 반대로 외부에서 이유를 찾으면 정답은 존재하지도 않으며 앞으로도 외부 환경에 휘둘려 매번 장사가 일정하지 않고 들쑥날쑥할 것입니다.

행복한 장사를 통해 사장님의 삶을 살기를 응원합니다.